担任必携！
学級づくり
作戦ノート

中村健一　編著

黎明書房

はじめに

　今の教室は，「戦場」になってしまっています。
　それなのに4月の最初，「作戦」も立てず「武器」も持たず，「丸腰」で教室に向かう教師がいます。

　そんなバカな真似は，絶対にしてはいけません。
　そんな危険を冒すと，学級崩壊という「敗戦」が待っています。下手をすると，病気になって休職，退職。さらに下手をすると，自殺なんていう過酷な「敗戦」が待っているのです。

　私の若い頃は，違いました。
　私のような若い未熟な教師が前に立っただけで，子どもたちは「教師」として認めてくれました。すぐに「担任」だと認めてくれたのです。
　また，子どもたちも一緒のクラスになっただけで，即，「仲間」だと思ってくれていました。
　教師が学級づくりをするまでもなく，子どもたちは集まっただけで「学級」になったのです。「集団」として機能していたのです。

　そんな状況なら，「作戦」も「武器」もいりません。
　平和なら，「作戦」も「武器」もいらないのです。

　しかし，今は，違います。
　学級担任を辞めさせようとたくらんだ子どもたちの話を聞きました。
　しかも，4月に新しいクラスになって，わずか2日目からです。子どもたちは相談し，様々な「作戦」を立て，担任を追い込もうとしたそうです。

　普通なら親がそんな子どもたちを叱り，そんな馬鹿な「作戦」を止めさせるところです。
　それなのに，その「作戦」に加わる親がいました。子どもたちの「作戦」がうまく行くように，協力をしたそうです。

　子どもたちでなく，親から担任を辞めさせる「作戦」が始まることもあります。
　「私たちがあの先生を辞めさせてやった」と得意げに話すお母さんたちがいたという話も聞きました。

悲しいことですが，今の教室は「戦場」です。
「戦場」に「丸腰」で向かうのは絶対に止めてほしい！
そんな強い思いをもって，本書をつくりました。

そんな強い思いをもってつくり始めた本書ですが，実は初めて大苦戦をしました。
書こうという意欲はあるのですが，思うように筆が進まないのです。
書けないということが，こんなに辛いものだと初めて知りました。

そんな時に助けてくれたのが，やはり仲間です。
厳しい私のもとに集まり，素晴らしい原稿をくださいました。

五十嵐健一さん，伊藤邦人さん，氏家拓也さん，友田真さん，中條佳記さん，藤原裕一さん，
山根大文さん，吉川裕子さん，本当にありがとうございました。
みなさんがいてくださらなかったら，本書が発刊されることはありませんでした。
本当に感謝しています。
ありがとうございました。そして，これからもよろしくお願いします。

また，黎明書房の武馬久仁裕氏にも感謝しています。
何度もくじけそうになった私に激励のお手紙やメールをたくさんくださいました。
武馬氏のお陰で，何とかくじけずに本書を完成させることができたのだと思います。
ありがとうございました。

最後になりましたが，本書を担当してくださった伊藤大真氏にお礼を言います。伊藤さんのご
指導のお陰で私の最高傑作と言える本が完成いたしました。ありがとうございました。

本書は，学級をつくるための「作戦」を立てるノートです。
本書を使って，しっかりと「作戦」を立て，学級づくりに挑んでください。
「作戦」抜きで学級が成り立つほど，現場は甘くはありません。

若手たちが学級づくりを成功させ，厳しい現場を何とか生き抜いてくれることを心から祈って
います。

編著者　中　村　健　一

付記：新装版に当たり，巻末の「学級づくりの『作戦』を立てるのに役立つ本」は，全面的
　　　に差し替えました。

2

もくじ

この本の使い方

　本書は，学級づくりの「作戦」を立てるためのノートです。

　「作戦」は「31」に絞り込んであります。
　しかし，ベテラン教師は，本書で示した以外にも多くの「作戦」を立てて学級づくりに臨んでいます。

　本書にある「31」ぐらいの「作戦」は，基本です。そのぐらいは，しっかりと考え，学級づくりに臨むべきです。
　「作戦」を立てる時間を惜しんではいけません。

　新しいクラスをもつ前，3月の終わりから4月の始めにかけて，「31」の作戦を立ててください。
　そして，新学期初日から，いや，新学期が始まる前から「作戦」を実行してください。

　左ページには，「作戦」が例示してあります。
　右ページは，みなさんが実際に「作戦」を立てるための「My ページ」です。
　左ページの「作戦」例をもとにして，自分の「作戦」を右ページに書き込んでください。

　ただ，自分のポリシーや学校のルール，学級の実態によって，「作戦」は変わるはずです。

　たとえば，「1　こんなクラスにしたい！」で私はトップに「笑いのあるクラス」をもってきています。私は「お笑い」にこだわりがあるからです。
　でも，こだわりは人それぞれです。ぜひ，ご自分のこだわりをトップにして「作戦」を立ててください。

　また，「12　給食」では，準備を「全員で協力してやる」ことにしています。
　しかし，「給食当番以外は配膳をしてはいけない」というルールの学校もあるでしょう。その場合には，別の「作戦」が必要になります。

　ぜひ，いろいろなことを考慮し，自分の頭で考えて「作戦」を立ててください。
　「作戦」なしでは，学級は絶対に成り立ちません。

中村流「1・3・7・30」の法則

　学級づくりの最大のポイントは，最初の1ヵ月です。というより，**最初の1ヵ月でその学級の1年間の全てが決まってしまいます。**

　学級が軌道に乗るまでの1ヵ月は少々キツくても，がんばるしかありません。

　最初の1ヵ月は「覚悟」をもって，学級づくりに全力を注ぎましょう。

　最初の1ヵ月でクラスを軌道に乗せてしまえば，後の11ヵ月は楽できます。

　11ヵ月を楽に，楽しく乗り切るために，絶対に最初の1ヵ月手を抜いてはいけません。

　最初の1ヵ月に楽をすると，大変です。

　残りの11ヵ月ずっと，最初の1ヵ月に楽をした「ツケ」を支払い続けることになります。それどころか，「ツケ」を払いきれずに学級崩壊……なんてこともあり得ます。

　最初の1ヵ月を取り戻すことは不可能です。

　学級が軌道に乗るまで，手を抜くことなく，楽することなく，全力で学級づくりをしてください。

　最初1ヵ月の学級づくりの方法として，私は「1・3・7・30の法則」を提案しています。（拙著『教室に笑顔があふれる中村健一の安心感のある学級づくり』黎明書房）

　尊敬する野中信行氏の「3・7・30の法則」に「1」を加えたものです。

　各章の最初に「『1』（3，7，30）の作戦を立てる前に」というページがあります。

　それらのページに，「1」日目にやるべきこと，「3」日目までにやるべきこと，「7」日目までにやるべきこと，「30」日目までにやるべきこと，をそれぞれ明記しました。

　必ず「作戦を立てる前に」を読んでから，「作戦」づくりに取りかかってください。

「1」の前，「0」でもやるべきことがある

　4月に入ると，自分が担任する学級が決まるはずです。

　子どもたちに出会う前（「0」）にもやるべきことはたくさんあります。

　というより，新学期が始まると，目の前の子どもたちのことで手一杯になりますからね。

　ぜひ，新学期が始まる前に「作戦」をしっかり立てておいてください。

　学生のみなさんは，3月から頭の中でシミュレーションしておくことをお薦めします。「3年生を担任したら，こうする」「5年生を担任したら，こうする」と考えておくのです。

　「作戦」を立てるのは，早いに越したことはありません。

第1章

新学期が始まる前に

1 こんなクラスにしたい！・作戦ノート例

基本方針

◆教師のイメージよりも良いクラスはつくれない。まずは，教師が「こんなクラスにしたい！」と明確なビジョンをもつことが大切である。

◆こんなクラスにしたい！

---

(1) 笑いのあるクラス

(2) 当たり前のことが当たり前にできるクラス

(3) 素早く動けるクラス

【(1) 笑いのあるクラスにするために】

① 「笑う子はいい子だ」という位置づけをする。

　　笑う子は，「明るい子」「頭のいい子」「話を良く聞いている子」「けじめのある子」である。

② 「笑いの練習」（先生が手を挙げたら，笑う。手を下げたら，真面目な顔）をくり返し行う。

③ 教室に笑いが起こるミニゲームをたくさんする。

　　「教師のための携帯ブックス」シリーズ（黎明書房）を教室に置いておく。5分の隙間の時間ができたら，この本のネタをどんどん行う。

【(2) 当たり前のことが当たり前にできるクラスにするために】

① 掃除，給食，挨拶・返事にこだわって指導する。

　　この3つについては，詳しい「作戦」を別に立てる。（P.34〜P.39参照）

② 朝自習は，教師がいなくても，黙って，座ってできるようにする。

③ 「当たり前のことを当たり前」にさせるのが実は，一番難しい。根気強く妥協なく徹底していく。

　　「できていれば，ほめる。できていなければ，叱る」が基本。フォロー*を大切にする。

【(3) 素早く動けるクラスにするために】

① 「素早さ」は「誠実さ」であることをくり返し説く。

　　人の人生の時間は限られている。素早く動くことは，人の時間を大事にすること。つまり，命を大事にすること。

② ダラダラしていたら，やり直させる。たとえば，立つのが遅かったら，「やり直し。次は1秒で立ちます」と言う。できたら，ほめる。

　　「ダメだし→目標タイムを設定→やり直し→ほめる」の流れ

③ 何よりも教師が時間を守る。授業の開始時刻，終了時刻は何があっても絶対に守る。

*「フォロー」は，教師の対応や評価のこと。拙編著『学級担任に絶対必要な「フォロー」の技術』（黎明書房）を参照。

　　　（中村）

My こんなクラスにしたい！・作戦ノート

年　　月　　日〔　〕作成

基本方針

◆教師のイメージよりも良いクラスはつくれない。まずは，教師が「こんなクラスにしたい！」
　と明確なビジョンをもつことが大切である。

◆こんなクラスにしたい！　　※どんなクラスにしたいのか？　３つに絞って書きます。

(1)	クラス
(2)	クラス
(3)	クラス

※○○クラスにするために行うことを具体的に箇条書きします。必要な情報もメモします。

【(1)　　　　　　　　　　　　　　　　クラスにするために】

①

②

③

【(2)　　　　　　　　　　　　　　　　クラスにするために】

①

②

③

【(3)　　　　　　　　　　　　　　　　クラスにするために】

①

②

③

2 子どもの名前は3日で覚える・作戦ノート例

基本方針

◆早く名前を覚えると，子どもたちは「もう覚えてくれたの!?」と嬉しくなる。また，「この先生，すごい！」と思う。信頼関係を築く第一歩になる。

◆子どもの名前を3日以内に必ず覚えるために。
(1) 声に出して名前を覚える
(2) 写真を見て顔と名前を一致させる
(3) 引き継ぎをして，その子の情報を覚える

【(1) 声に出して名前を覚える】

① 学級のメンバーが分かったらすぐに，漢字の読み方を確認する。（濁点など細かい所も正確に）

② 新学期の準備で子どもの名前を書いたり，氏名印を押したりする機会は多い。その時，必ずフルネームを声に出して言いながらする。

③ 通勤や入浴などの時間を使って，子どもの名前をくり返し声に出して唱える。

④ 教室に行って，何も見ないで出席をとる練習をする。

【(2) 写真を見て顔と名前を一致させる】

① 前年度の子どもたちの写真を手に入れる。その写真に名前を書き込む。

② 写真を見ながら，子どもたちの名前をくり返し唱える。

③ 「目が大きい〇〇くん」「えくぼが可愛い〇〇さん」と子どもの印象とリンクさせながら覚える。

④ 名前を見て顔を探したり，顔を見て名前を覚えているかどうか確認したりする。ゲームのように楽しんで行う。

【(3) 引き継ぎをして，その子の情報を覚える】

① 前年度までの子どもたちの様子を引き継ぐ時，写真（名前入り）を見ながら様々な情報を聞く。顔と名前と情報を一緒に覚える。

② 配慮事項の多い子どもの名前と顔は，特に早く覚える。早く担任との距離を縮めるためである。

◆ 新学期初日に出席をとる時，名簿を見ずに名前を言う。子どもたちは驚き，担任への信頼が一気に増す。

(友田・藤原)

My 子どもの名前は3日で覚える・作戦ノート

年　　月　　日〔　〕作成

基本方針

◆早く名前を覚えると，子どもたちは「もう覚えてくれたの!?」と嬉しくなる。また，「この先生，すごい！」と思う。信頼関係を築く第一歩になる。

★新学期までに子どもたちの名前をどこまで覚えたいか，具体的な目標を書きます。

　（例）何も見ずに，出席番号順に名前が唱えられるまで。

◆子どもの名前を3日以内に必ず覚えるために。

　※どのような方法で子どもたちの名前を覚えるか，具体的に3つ書きます。

　(1)

　(2)

　(3)

【(1)　　　　　　　　　　　　　　　　　　　　　　　　　　　　　　　　】

　※1つ目の方法をどうやって行うか，具体的にすることを箇条書きします。

①

②

③

④

【(2)　　　　　　　　　　　　　　　　　　　　　　　　　　　　　　　　】

　※2つ目の方法をどうやって行うか，具体的にすることを箇条書きします。

①

②

③

【(3)　　　　　　　　　　　　　　　　　　　　　　　　　　　　　　　　】

　※3つ目の方法をどうやって行うか，具体的にすることを箇条書きします。

①

②

③

　※子どもたちの名前を覚えていることを披露する場面を意図的につくります。どんな場面で披露するか書きます。

◆

❸ 学級通信・作戦ノート例

基本方針

◆学級通信は，保護者の信頼を勝ち得る武器になる。どんどん発行する。

◆子どもたちの良さを伝える学級通信にする。

  (1) 原則1日1枚以上発行する。年間200号以上が目標

  (2) 実名を挙げ，子どもの良さを伝える

  (3) 学級通信は，必ず読み聞かせる

【タイトル】

① 「よく笑うクラス」を目標にしている。今年は「笑う門には福来たる」にする。

② 略して，「笑たる」。子どもたちが呼びやすい名前にするため。

【内容】

① 「ありがとう」が言える感じのいい子，進んで働ける子など，子どもたちの小さな良さを見つけ記事にする。実名を必ず挙げる。

② もちろん，運動会などの学校行事やクラスのお楽しみ会など，大きなイベントも記事にして紹介する。

③ 教師が記事を書くだけでなく，子どもたちの作品もどんどん載せる。写真もできるだけ掲載したい。特にイベント後には，学級通信に掲載するために作文を書かせる。

④ 悪いことは書かない。どうしても書きたい時は，クラス全体のことにする。個人の悪いことは絶対に載せない。

⑤ できるだけ平等に名前や写真，作品が掲載されるように配慮する。掲載した作文の数は名簿でチェックしておく。

【配布法】

① 授業中の隙間の時間に配る。

② 必ず読み聞かせる。配るだけでは，学級通信の効果は半減してしまう。

【作成時間】

① 5分間で書けるような短い記事をベースにする。10分休みのような短い隙間時間に書く。それらを1つにまとめて，1枚の学級通信に仕上げる。

② 勤務終了の最後10分を使って仕上げ，印刷して帰る。

③ 無理はしない。学期末，運動会前など，どうしても忙しい時期は発行をやめる。楽しみながら書ける範囲にする。

④ 休日など時間のある時につくりだめしておく。毎日つくる必要はない。

                                                       （友田・吉川）

My 学級通信・作戦ノート

年　　月　　日〔　〕作成

基本方針

◆学級通信は, 保護者の信頼を勝ち得る武器になる。どんどん発行する。

◆子どもたちの良さを伝える学級通信にする。

【タイトル】　※ずばり, タイトルを書きます。

　※タイトルに込めた思いを3つ書きます。

① _____

② _____

③ _____

【内容】　※記事にしたい内容を箇条書きします。また気をつけることも書きます。

① _____

② _____

③ _____

④ _____

⑤ _____

【配布法】　※いつ, どうやって子どもたちに配るのか書きます。

① _____

② _____

③ _____

【作成時間】　※どの時間を使って学級通信をつくるのか書きます。

① _____

② _____

③ _____

④ _____

★継続するために, いつ発行するか（「毎日」「毎週月曜日, 水曜日に」「毎週火曜日に」など）書きます。また, 最終的に何号出すのか, 目標を書きます。

学級通信を _____ 発行する。

目標は, 1年間で _____ 号出すこと。

第1章　新学期が始まる前に　13

❹ 宿題・作戦ノート例

◆家庭でも学習する習慣を身につける。

◆社会に出て必要な「期限までに提出する」責任感を身につける。将来就職した時のため。

◆どんな宿題にするか？

　⑴　子ども1人でできるものにする

　　……様々な家庭環境の子がいる。保護者の手助けが期待できない子が多い。くり返し練習して身に付くドリルを中心にする。

　⑵　学年×10分を目標にする

　　……中学校，高校に進学すると，テストや受験に向けて自分で勉強しないといけない。

　⑶　クラス全員が提出できる適切な量にする

　　……「必ず提出」を求めながら，絶対に無理な子がいては目標を達成できない。ちょっとがんばれば全員ができる適切なハードル設定が必要。

◆毎日の宿題は……漢字ドリルの漢字練習をノート1ページ（150字），計算ドリル1ページ（丸つけ，直しもする），自主学習（最低1ページ），日記

【⑴　子ども1人でできるものにする】

①　漢字ドリルと計算ドリル。くり返し学習して身につくものが中心。

②　計算ドリルは，必ず丸つけ，やり直しを赤でさせる。やりっ放しでは力にならない。

【⑵　学年×10分を目標にする】

①　学年×10分を目標にすることを子どもにも保護者にも伝える。今年は6年生担任なので，60分が目標であることを伝える。

②　漢字，計算ドリルにかかる時間は個人で違う。そこで，自主学習を宿題の1つとし，時間調整にする。

③　素晴らしい自主学習を学級通信で紹介する。何をやっていいのか分からない子のため。

④　自主学習を進んでたくさんしてきた子をほめる。

【⑶　クラス全員が提出できる適切な量にする】

①　最初はイレギュラーな宿題は出さない。毎日同じ宿題にする。家庭での学習習慣が身についていない子が多いからである。まずは，「全員提出」を目標にする。

②　宿題を忘れたら，きちんと提出できなかったことを謝らせる。そして，昼休みにさせる。このことは，子どもたちと約束しておく。

③　「やったけど家に忘れました」のようないい訳は認めない。期限内に責任を果たせなかったことは同じである。

（五十嵐・藤原）

My 宿題・作戦ノート

基本方針

◆家庭でも学習する習慣を身につける。

◆社会に出て必要な「期限までに提出する」責任感を身につける。将来就職した時のため。

◆どんな宿題にするか？　　※どんな宿題を出すか，基本的なポイントを書きます。宿題は家庭です
　　　　　　　　　　　　　　　るもの。クラスの子の家庭の実情も考えて理由も書きます。

(1) _____
　　……_____
(2) _____
　　……_____
(3) _____
　　……_____

※上のポイントを受けて，毎日出す宿題をズバリ書きます。

◆毎日の宿題は……

【(1)　　　　　　　　　　】　※1つ目のポイントについて，具体的な手だてを書きます。
① _____
② _____
③ _____
④ _____

【(2)　　　　　　　　　　】　※2つ目のポイントについて，具体的な手だてを書きます。
① _____
② _____
③ _____
④ _____

【(3)　　　　　　　　　　】　※3つ目のポイントについて，具体的な手だてを書きます。
① _____
② _____
③ _____
④ _____

5 日記・作戦ノート例

◆毎日日記を通じて子どもと交流をする。学校では話せなかったことを書いたり，普段の生活からでは見えない様子を感じ取ったりするなど，子どもとのコミュニケーションツールの1つとして活用する。

◆文章を書く力は，全ての学力の基礎である。毎日の日記を通して，書く力も育てる。

◆子どもも教師も楽しく続けられるポイント。

　(1)　必ず教師からのコメントを書く

　(2)　日記をどんどん学級通信で紹介する

　(3)　週に1度は，子どもが書きたくなる「お題」を与える

【(1)　必ず教師からのコメントを書く】

① 日記帳を1人2冊持たせる。（コメントを書くのが放課後になってもいいように）

② 日記を読んで，「ここ！」と思うところには，どんどん赤で波線を引く。

③ 読んでいる途中に，短いコメントを書き込む。「へ〜」「すごい！」「えらい」「えっ!?」「いいなあ」「うらやましいな」「なるほど」「やるねえ！」「これ，詳しく教えて」など。

④ 読み終わったら，教師が感じたことや疑問，優れた表現など，総合的なコメントを1行書く。

⑤ 気になる日記があれば，子どもを直接呼んで話を聞く。コメントですませない。

【(2)　日記をどんどん学級通信で紹介する】

① 素晴らしい日記を学級通信でどんどん紹介する。その日記のどこが優れているのか教師のコメントも必ず載せる。

② 紹介した日記の数を名簿に記入しておく。できるだけ平等に載せたい。どの子の日記も学期に1回は通信に載せることが目標。

③ 家庭のことなどプライバシーに関わることは，絶対に載せない。

④ 載せていいかどうか，判断に迷ったら，必ず子ども（場合によっては保護者）に許可を取る。

【(3)　週に1度は，子どもが書きたくなる「お題」を与える】

① 週に1回は「お題」を与えて日記を書かせる。

② 「お題」は，行く前に遠足の様子を想像して書く「ウソ日記」など。子どもたちが楽しんで書けるものにする。

③ 「お題」は，上條晴夫氏の本を参考にする。『だれでも書ける作文ワークシート』（学事出版）など。

（氏家・吉川）

My 日記・作戦ノート

年　　月　　日〔　〕作成

基本方針

※何を目的に日記を書かせようと思うのか，書きます。

◆ _____

◆ _____

◆子どもも教師も楽しく続けられるポイント。

※子どもたちが書きたくなる日記のポイントを3つ書きます。教師の負担も増えないように配慮して
考えます。

(1) _____

(2) _____

(3) _____

【(1)　　　　　　　　　　　　】　※1つ目のポイントについて，具体的な手だてを書きます。

① _____

② _____

③ _____

④ _____

【(2)　　　　　　　　　　　　】　※2つ目のポイントについて，具体的な手だてを書きます。

① _____

② _____

③ _____

④ _____

【(3)　　　　　　　　　　　　】　※3つ目のポイントについて，具体的な手だてを書きます。

① _____

② _____

③ _____

④ _____

★子どもたちが飽きてきた時に使える面白日記の「お題」を箇条書きします。参考にする本の書
名を書いても OK です。

(例)「なりきり作文」鉛筆，桜，家で飼っている犬などになりきって，一人称で作文を書く。

① _____

② _____

③ _____

④ _____

⑤ _____

❻ 学級事務・作戦ノート例

基本方針

◆効率良く仕事を済ませる。→子どもたちのための時間を確保する。また，帰宅時刻を早くし，自分の時間と健康を守る。

◆仕事を効率良く済ませるために。
　(1)　時間管理をする
　(2)　1日の流れを決める
　(3)　子どもに仕事をさせる

【(1)　時間管理をする】

①　優先順位をつけ，時間配分を考える。（子ども，保護者に関することには時間をかける。子ども，保護者に関係のない無駄な書類には時間をかけない。「8割主義」で良い）

②　休み時間などの「隙間時間」と，早朝や放課後などの「ゆとり時間」とに使い分ける。

③　「隙間時間」には，事務作業・電話・採点・印刷など，あまり思考を必要としない仕事をする。

④　「ゆとり時間」には，授業準備・教材作成・お便り作成・会議資料作成・実践のまとめなど，思考を必要とする仕事をする。

⑤　すぐにできる仕事は，後に回さず，すぐにしてしまう。例えば，出席簿の記入，学級会計簿，メールの返信，アンケート記入など。学級通信も1つの記事を5分でつくってしまう。

【(2)　1日の流れを決める】

①　朝，学校に着いたら，職員室へ行き，郵便物，メールのチェックをする。

②　子どもが来る前に教室に行き，窓を開け，電気をつける。そして，笑顔と挨拶で子どもたちを迎える。子どもたちにすぐに漢字ノートを提出させる。漢字ノートの丸つけは，職員朝会までに済ませてしまう。

③　テストは必ず1時間目にする約束にしておく。1時間目のテスト後，作業的な学習の時間をつくり，その時間に採点をする。テストはその日の内に返す。

④　1時間目が終わったら，職員室に行き，出席簿，学級会計簿（あれば）に記入する。

⑤　放課後は，簡単清掃，連絡事項の板書（朝自習など），配布物の準備などする。また，下駄箱に行き，上靴のかかとが揃っているかチェックする。揃っていなければ，直す。

⑥　次の日の授業や会議で必要な印刷物は刷って帰る。

【(3)　子どもに仕事をさせる】

①　子どもたちができることは，子どもたちにさせる。（子どもたちに仕事を任せる。掲示物をつくる・貼る，プリントを配る・集める，宿題をチェックするなど）

②　学級を組織化する。（当番，係，座席等，子どもが効率よく動けるように工夫をする）

（伊藤・山根）

My 学級事務・作戦ノート

年　　月　　日〔　〕作成

基本方針

◆効率良く仕事を済ませる。→子どもたちのための時間を確保する。また，帰宅時刻を早くし，
　自分の時間と健康を守る。

◆仕事を効率良く済ませるために。
　(1)　時間管理をする　　　(2)　1日の流れを決める　　　(3)　子どもに仕事をさせる

【(1)　時間管理をする】

①　優先順位をつけ，時間配分を考える。　　　※何に力を入れ，何の手を抜くか？　自分の優先順
　　　　　　　　　　　　　　　　　　　　　　　　位を書きます。

_____

_____

_____

②　休み時間などの「隙間時間」と，早朝や放課後などの「ゆとり時間」とに使い分ける。

※「隙間時間」と「ゆとり時間」に分けてする仕事を書きます。

③　「隙間時間」には，　　　　　　　　　　　　　　　　　　　　　をする。

④　「ゆとり時間」には，　　　　　　　　　　　　　　　　　　　　をする。

⑤　すぐにできる仕事は，後に回さず，すぐにしてしまう。例えば，出席簿の記入，学級会計簿，
　　メールの返信，アンケート記入など。学級通信も1つの記事を5分でつくってしまう。

【(2)　1日の流れを決める】　※毎日同じようにすることを決めて書きます。

①　朝，学校に着いたら，_____

②　_____

③　_____

④　_____

⑤　_____

⑥　_____

【(3)　子どもに仕事をさせる】

①　子どもたちができることは，子どもたちにさせる。（子どもたちに仕事を任せる）

　　※子どもたちに任せられる仕事を箇条書きします。

・_____

・_____

・_____

・_____

・_____

「1」の作戦を立てる前に

新年度「1」日目の役割は次の通りです。

> (1) 子どもたちの心をわしづかみにする。
> (2) とにかくほめる。

まずは，子どもの心をわしづかみにすることが大事です。

楽しいネタを連発して，「このクラスで良かった」「楽しいクラスになりそうだ」と思わせます。

そのためには時間が必要です。

新年度1日目は，特に時間がありません。教科書を配ったり，たくさんのプリントを配ったり，……下手をすると，それだけで1日目が終わってしまいます。

そうならないようにするためには，非常に細かい段取りが必要になります。

分刻みでタイムスケジュールをつくり，何とか時間を捻出するのです。

そして，その時間で，**楽しいネタを連発し，子どもたちを楽しませます。**

では，どんなネタがいいのか？

これは本書の役割ではないですね。拙著『子どもも先生も思いっきり笑える73のネタ大放出！』（黎明書房）など「教師のための携帯ブックス」シリーズを参考にしてください。

ネタはたくさんもっていた方がいいです。それこそ，ネタは子どもたちの信頼を勝ち得る「武器」の1つになります。

もう1つ大事なことは，とにかく子どもたちをほめることです。

意識して子どもたちを見て，良いところを見つけましょう。そして，それを言葉にして，とにかくほめましょう。

また，意図的にほめる場面をつくることも大切です。

大前暁政氏は『必ず成功する！ 学級づくりスタートダッシュ』（学陽書房）の中で「始業式からほめるための勝負が始まってる」と述べています。

これ，名言だと思います。確かに**新学期初日にどれだけほめられるか？ が勝負**です。

子どもたちは自分の良さを認め，ほめてくれる教師を信頼します。

初日からとにかくほめて，子どもたちの信頼を勝ち得ましょう。

ちなみに，この日は叱ることはしません。厳しく叱るのは，「3」の仕事です。

第2章

新学期1日目
「子どもたちの心をつかむ」

7 子どもたちが新しい教室に入ってくる ・作戦ノート例

基本方針

◆新学期，学校にやって来た子どもたちが，迷うことなくスムーズに新しい教室で過ごせるようにする。

◆初日から子どもたちをたくさんほめる。ほめるための仕掛けをたくさん準備しておく。

【下駄箱】

① 下駄箱にクラス名簿を貼っておく。

② 下駄箱に出席番号を書いたシールを貼っておく。

③ 特に指示を書かなくても，自分の出席番号が書いてある下駄箱に入れるだろう。

　　→「何も書いてないのにきちんと入れられるなんてすごい！」とほめるチャンス！

【席】

① 教室前にもクラス名簿を貼っておく。

② 黒板に出席番号順に座るように図と指示を書いておく。

③ きちんと出席番号順に座っているだろう。

　　→「黒板に書いてあるだけで，できるなんてすごい！」
とほめるチャンス！

④ 子どもたちから「なんで出席番号順？」と聞かれたら，
「先生が顔と名前を覚えるため」と説明する。

⑤ 黒板の字が見えるかどうか聞く。視力や身長差などは配慮し，席を替える。

【ロッカー】

① ロッカーにも出席番号のシールを貼っておく。

② これも多分，ランドセルをきちんと入れることができる。→ほめるチャンス！

【先生が来るまでにしておくこと】

① 教師が教室に来るまでにすることを黒板に書いて指示しておく。（朝自習の１回目である。子どもたちが黙ってできる課題を用意しておく）

② 今回は，(1)前に置いてある計算ドリルを取る，(2)名前をネームペンできれいに書く（やり直しあり），(3)計算ドリル①（復習ページ）をやる，(4)開いて出す，(5)黙って読書。

　　多分，名前を汚く書く子はいない。万が一いたら，修正液を使ってでもやり直しをさせる。

③ 「黙ってやる」のメッセージも忘れない。

④ 黙ってできたかどうか？　「黙ってできた人，起立！」と言って確認する。

　　→できた子をほめる。できていない子もこの日だけは叱らない（上手に「流す」）。

（中村）

My 子どもたちが新しい教室に入ってくる ・作戦ノート

年　　月　　日〔　〕作成

基本方針

◆新学期，学校にやって来た子どもたちが，迷うことなくスムーズに新しい教室で過ごせるようにする。

◆初日から子どもたちをたくさんほめる。ほめるための仕掛けをたくさん準備しておく。

【下駄箱】　※どのようにして下駄箱に靴を入れさせるかを書きます。

①

②

③

【席】　※どのようにして席に着かせるかを書きます。

①

②

③

④

⑤

【ロッカー】　※どのようにしてロッカーにランドセルを入れさせるかを書きます。

①

②

③

【先生が来るまでにしておくこと】　※先生が来るまでの子どもたちの過ごし方を書きます。また，その伝え方を書きます。

①

②

③

④

⑤

【その他】　※その他，準備しておくことがあれば書きます。

①

②

③

⑧ 出会いの演出・作戦ノート例

基本方針

◆新学期１日目は，「ツカミ」に徹する。限られた時間をやりくりし，ネタを連発する。「楽しい先生だ」「楽しいクラスになりそうだ」と思わせるのが一番の目的である。

◆「ツカミ」のポイント。

　⑴　インパクトを与える……この先生，なんかすごいと思わせる

　⑵　楽しい印象を与える……楽しい先生だと思わせる

　⑶　子どもたち同士の距離を縮める……この仲間となら楽しいクラスになりそうだと思わせる

【インパクトを与える】

①　教師が教室に入る時，こける。

②　自己紹介で「最近，気功にこっています」と言い，次の技を披露する。

　　【技１】子ども１人を前に出し，割り箸１本の両端を両手でしっかり持たせる。そして，教師は割り箸の入っていた袋で割ってみせる。２，３回失敗してみせた後，バレないように袋に添えた人差し指で割るだけ。しかし，子どもたちは驚く。

　　【技２】教師は右手に10円玉を入れて両手を握りしめる。そして「左手に移動させます」と言い，力を入れて左手に移動させる（真似をするだけ）。左手を握ったまま「戻します」と言い，力を入れて右手に移動させる。右手を開けると，当然10円玉が入っている。子どもたちは大爆笑。

③　「今日はみんなの進級を祝って，スペシャルゲストが来てくれています」と言って，廊下に出る。教師はカエルのかぶり物をして再登場。「６年５組のキャラクターのケロちゃんだぴょん。よろしくぴょん」とだけ言って，廊下に出る。

【楽しい印象を与える】

①　「頭上注意の命令ゲーム」を行う。全員起立して，頭の上に教科書を乗せる。子どもたちは「両手を挙げる」「３回ジャンプ」など教師の命令に従って動き，教科書が落ちた子から座っていく。最後まで立っていた子が優勝。

②　その他にも「手を合わせましょう」「鼻つまみ，チェ～ンジ！」「爆笑歌合戦『でんでん虫 VS 桃太郎』」など時間が許す限りどんどんする。そのためにも，『子どもも先生も思いっきり笑える73のネタ大放出！』（黎明書房）を教室に置いておく。

【子どもたち同士の距離を縮める】

①　拍手をうまく使い，教室の空気を温める。（拍手のポイントは，「強く」「細かく」「元気良く」）教科書を持ってきてくれた子，配り物をしてくれた子など，拍手を贈る機会を増やす。

②　「先生クイズ」（「先生が好きな食べ物は？」など）を出す。３択問題にし，隣と相談して，答えを決めさせる。正解すれば，ハイタッチ。間違えれば，「どんまい」と言い合う。５問出して，全問正解の２人組には，クラスみんなでスタンディングオベーションを贈る。　　　（中條・山根）

My 出会いの演出・作戦ノート

年　　月　　日〔　〕作成

基本方針

◆新学期1日目は，「ツカミ」に徹する。限られた時間をやりくりし，ネタを連発する。「楽しい先生だ」「楽しいクラスになりそうだ」と思わせるのが一番の目的である。

◆「ツカミ」のポイント。

(1)　インパクトを与える……この先生，なんかすごいと思わせる

(2)　楽しい印象を与える……楽しい先生だと思わせる

(3)　子どもたち同士の距離を縮める……この仲間となら楽しいクラスになりそうだと思わせる

【インパクトを与える】　※出会いはインパクトが大切です。子どもたちが「この先生すごい！」と思うような演出を考えて，しようと思うことを箇条書きします。

① _____
② _____
③ _____
④ _____
⑤ _____
⑥ _____

【楽しい印象を与える】　※「楽しい先生だ」と思わせるために，することを箇条書きします。

① _____
② _____
③ _____
④ _____
⑤ _____
⑥ _____

【子どもたち同士の距離を縮める】　※子どもたち同士の距離を縮め，「この仲間となら楽しいクラスになりそうだ」と思わせるためにすることを箇条書きします。

① _____
② _____
③ _____
④ _____
⑤ _____
⑥ _____

⑨ 子どものいいところ見つけ！・作戦ノート例

基本方針

◆初日から子どもたちの良いところを見つけてどんどんほめる。子どもたちは自分の良いところを見つけてくれる先生を信頼する。

◆良いところはメモしておいて，学級通信で実名を挙げて紹介する。

◆先に「視点」を決めておいて，子どもたちを「見る」。

【始業式で子どもの良いところを見つける】

★式の始まりを待つ体育座りがキレイなのは？
- 佐藤くん，村中さん……背筋がピッと伸びている。
- 田村くん，井上さん，清水くん……足が揃っている。
- 池田さん，西村さん……目線が下がらない。

★立った時，「気をつけ」がキレイなのは？
- 東さん，竹内さん，平岡くん……かかとがつき，足先が開いている。
- 大村さん，岸くん……指先までピシッと伸びている。
- 佐藤くん，田村くん，植村くん……背筋がピッと伸びて，背が高く見える。

★校歌を一生懸命歌っているのは？
- 阿部さん，北村さん，井上さん……口が大きく開いている。
- 田中さん，植村くん……後ろから見ていても，息継ぎの時，肩が大きく動く。

【教室で子どもの良いところを見つける】

★気持ちの良い挨拶ができるのは？……平岡くん，植村くん，阿部さん，田中さん

★大きな声で返事ができるのは？……平岡くん，植村くん，田村くん

★「教科書を持ってきて」と言った時，進んで手を挙げてくれたのは？……クラス全員！

★「プリントを配るの手伝って」と言った時，進んで手を挙げてくれたのは？……阿部さん，岸くん，植村くん，平岡くん，田村くん，井上さん，西村さん，東さん

★教科書に書いた名前が丁寧でキレイなのは……市村さん，廣本さん，藤野さん

【「視点」を決めていなくても，気づいた良さは】

・谷くんは，私の話を聞いて，良く笑う。教師の話を良く聞いている証拠。

・プリントの枚数が足りない時，阿部さんは先にプリントを後ろに回して，自分のプリントを取りに来た。優しい行動である。

・植村くんが筆箱を落とした時，井上さん，大村さんが，鉛筆や消しゴムを拾ってあげていた。これも優しい行動。

・岸くんが落ちているゴミを拾って捨ててくれた。気づくのがエライ。進んでがエライ。

（友田・中村）

My 子どものいいところ見つけ！・作戦ノート

基本方針

◆初日から子どもたちの良いところを見つけてどんどんほめる。子どもたちは自分の良いところ
　を見つけてくれる先生を信頼する。

◆良いところはメモしておいて，学級通信で実名を挙げて紹介する。

◆先に「視点」を決めておいて，子どもたちを「見る」。

【始業式で子どもの良いところを見つける】

　※「★」に子どもを見る「視点」を書きます。また，「・」に続けて，良かった子の名前とどんな点が
　　良かったのか，メモします。

★
　・
　・
　・
★
　・
　・
　・
★
　・
　・

【教室で子どもの良いところを見つける】

　※「★」に子どもを見る「視点」を書きます。また，「……」に続けて，良かった子の名前をメモしま
　　す。

★　　　　　　　　　　　　　　　　　……
★　　　　　　　　　　　　　　　　　……
★　　　　　　　　　　　　　　　　　……
★　　　　　　　　　　　　　　　　　……
★　　　　　　　　　　　　　　　　　……

【「視点」を決めていなくても，気づいた良さは】

　※「視点」以外で気づいた良さとその子の名前をメモします。

　・
　・
　・
　・
　・

⑩ 1日目の流れ・作戦ノート例

基本方針

◆細かなスケジュールを立て，無駄なく，抜けなく過ごす。

※終わったら，線で消す。

■4月8日（木）の段取り

【朝イチ】　阿部さん，講堂で「歓迎の言葉」練習

　8：35～8：45　　健康観察（引率クラス*）　本日の日程を黒板に書く

　8：45～8：55　　講堂入場（黙って）

　8：55～9：25　　着任式・始業式　★阿部さんの「歓迎の言葉」の様子をメモ
　　　　　　　　　　　　　　　　　★立派な態度の人をメモ

【2時間目】　9：35～10：15

①中村先生の自己紹介　　先生の名前を知っている人？　本名はもっと長い

　「な」んて素敵で「か」っこいい「む」ら一番で「ら」イバルはいない。「けん」かも強
　くて「い」い男「ち」ょっぴりお茶目

　※板書　→　音読　↔　徐々に消す　→　全部消す　→　言えたら，ほめる

②教科書を取りに行く。（8人図書室へ連れて行く）

　みんなのために進んで働こうという人，起立　★立った人，メモ

　先生とジャンケンで勝った人にやってもらう。全員起立。負けた人から座る

　★働いた人，メモ。

　「進んで働けたエライ人たち」をほめる　→　みんなでお礼の拍手

③教科書配る　→　チェック　※絶対に忘れない！

④生活カード配る。出席番号順

⑤学年だより，学校便り，着任挨拶，3枚配る

⑥連絡帳書かせる

　(1)国語　(2)学級活動　(3)入学式準備　(4)入学式練習　(5)入学式

　(持ってくる物）お弁当　※赤で大きく　　14：50頃下校

⑦集める物があれば，集める

⑧先生の家来になる人？　★立った人，メモ
　　先生とジャンケン　　　　★働いてくれた人，メモ

※休み時間に前の教室から先生の荷物の移動

【3時間目】　　10：30〜11：10
①前の時間の積み残し

②笑いの練習
　　説明「笑う子」は「明るい」「頭がいい」「話を良く聞いている」「けじめがある」
　　→「さあ，笑って」→笑顔のいい男子，前に出して笑わせる　★笑いのプロ，メモ

③隣の人との相性チェック！　テッテッテッテッテレパシ〜イ*　5本→1本
　　★5本で成功した人，メモ

④デンデン虫 VS 桃太郎*
　　★人気者，メモ
　　★成功した人，メモ

⑤本日の掃除場所連絡
　　旧5の1　　玄関内外，職員室〜校長室廊下，保健室
　　旧5の2　　ストックヤード
　　旧5の3　　職員室，印刷室，シュレッダーごみ，職員用トイレ
　　旧5の4　　講堂トイレ
　　それ以外の人，講堂に雑巾を持って行く

【帰り】
11：10〜11：25　簡単な清掃　　※水拭きもする
11：30〜　テレパシージャンケン*　★先生と一番相性のいい人，メモ

＊「引率クラス」は自分が始業式に連れて行くクラスのことです。始業式で行われる担任発表の前なので「誰が担任の先生なのか？」子どもたちにバレないようにするためです。
＊「テッテッテッテッテレパシ〜イ」については，拙著『教室に笑顔があふれる中村健一の安心感のある学級づくり』，「でんでん虫 vs 桃太郎」「テレパシージャンケン」については，『子どもも先生も思いっきり笑える73のネタ大放出！』を参考にしてください。（共に，黎明書房）また，これらの本には新学期に使えるネタが他にもたくさん載っています。

（山根・中村）

My 1日目の流れ・作戦ノート

年　　月　　日〔　〕作成

基本方針

◆細かなスケジュールを立て，無駄なく，抜けなく過ごす。

※時刻とやることを書きます。　　　※メモすることは，「★」で書きます。

※その他，必要なことはどんどん書き込みます。

※終わったら，線で消す。

■　　月　　日（　）の段取り

【朝イチ】

　　　：　　～　　：　＿＿＿＿＿＿＿＿＿＿＿＿＿＿＿＿＿＿

　　　：　　～　　：　＿＿＿＿＿＿＿＿＿＿＿＿＿＿＿＿＿＿

　　　：　　～　　：　＿＿＿＿＿＿＿＿＿＿＿＿＿＿＿＿＿＿

【　　時間目】　　　：　　～　　：　　※やることを①②……と箇条書きします。

①＿＿＿＿＿＿＿＿＿＿＿＿＿＿＿＿＿＿＿＿＿＿＿＿＿＿＿＿＿

②＿＿＿＿＿＿＿＿＿＿＿＿＿＿＿＿＿＿＿＿＿＿＿＿＿＿＿＿＿

③＿＿＿＿＿＿＿＿＿＿＿＿＿＿＿＿＿＿＿＿＿＿＿＿＿＿＿＿＿

④＿＿＿＿＿＿＿＿＿＿＿＿＿＿＿＿＿＿＿＿＿＿＿＿＿＿＿＿＿

⑤＿＿＿＿＿＿＿＿＿＿＿＿＿＿＿＿＿＿＿＿＿＿＿＿＿＿＿＿＿

⑥

【　　時間目】　　　：　～　　：　　　　※やることを①②……と箇条書きします。

①

②

③

④

⑤

⑥

【帰り】

　　：　～　　：

　　：　～

「3」の作戦を立てる前に

新年度「3」日目までにしておくことは，次の通りです。

(1) 学級の柱となるルールを決める。
(2) 「叱るパフォーマンス」を見せる。

まずは，学級の柱となるルールを決めます。

柱となるルールと言っても，難しいことではありません。たとえば，「掃除」です。掃除だけ一生懸命やって，教室に帰ると授業はグチャグチャ。そんな学級はあり得ません。掃除が全力でできる学級は，良い学級です。授業にも，他のことにも全力で取り組みます。

良い学級をつくるためには「当たり前のことを当たり前にさせる」のが大事なのです。

私の場合は，「掃除」「給食」「挨拶・返事」に全力で取り組むことをクラスの柱のルールにしています。そして，この3つについて，厳しく鍛えています。

たとえば，掃除に行く前です。

「中村先生は，当たり前のことは，当たり前にさせます。まずは，掃除。掃除は全力でやってもらいます。君たち高学年が真面目に掃除できないようでは困る。それを見た下の学年が真似するからね。まずは，最低レベルから行くよ。掃除中は，おしゃべり禁止。守れない人は，高学年として恥ずかしいから，教室に隠れて立っててもらうからね」

このように宣言し，掃除に行かせます。もちろん，おしゃべりせずにできたかどうか？フォローも忘れません。そして，徐々にレベルを上げ，掃除上手なクラスにしていきます。

また，**3日目までに，必ず「叱るパフォーマンス」をします。**

たとえば，楽しいゲームをした後，教室のザワザワが収まらない時です。

クラス全体に対して，「うるさい！　黙れ！！」と怒鳴りつけます。教室が一瞬でシーンとなるぐらいの迫力をもってです。シーンとなったら，次のように厳しい口調で叱りつけます。

「先生は楽しいクラスにしようと思ってゲームをしたんだ。だけど，いつまでもこんな雰囲気では困る。盛り上がる時は盛り上がるけど，静かにする時は，サッと静かにならないといけない。そういう切り替えができないなら，楽しいことが一切できない」

学年当初の子どもたちは，教師の話を良く聞くものです。この時に，子どもをコントロールできるようになっていないと若手にはキツイです。

また，新年度当初から長い間優しくし続けておいて，いきなり厳しく叱ると，子どもたちは「裏切られた」と思うようです。

3日目までに機会を見つけ，「叱るパフォーマンス」をして教師の厳しい面を見せておきましょう。

第3章

新学期3日目までに
「クラスの柱となるルールをつくる&
叱るパフォーマンス」

11 掃除・作戦ノート例

基本方針

◆掃除を真面目にさせることを子どもたちに宣言する。理由も説明する。

  ・キャリア教育である。これからの時代，仕事は自分で勝ち取る必要がある。さぼっていても仕事がもらえると思ったら，大間違い。働けるようにならないと，ダメ。将来困る。

  ・高学年が掃除できないと困る。低学年が真似し，掃除できない学校になってしまう。

◆掃除指導のポイントを3つに絞って，子どもたちに伝える。

  (1) 黙ってする

  (2) 隣の人と3m以上離れてする

  (3) チャイムの鳴り始めから鳴り終わりまで，時間いっぱいする

◆ポイントを守らせるために。

  1日1回は全ての掃除場所を見に行く。ポイントを守っていれば，ほめる。ダメなら叱る。

【(1) 黙ってする】

① まずは，黙ってすることから徹底させる。5時間目（掃除のすぐ後）の最初に，全員起立させる。そして，おしゃべりしていない子は座らせる。座れた子は，ほめる。

② 座れない子は，叱る。黙ってできない子は，掃除させないことを宣言する。実際に座れないことが続く子には，掃除させない。教室に立たせておく。

③ 黙ってできたかのチェックは，定着するまで毎日する。

【(2) 隣の人と3m以上離れてする】

① おしゃべりせず，運動量豊富に掃除させるためである。

② 掃除場所を1日1回は見に行く。3m以上離れていれば，ほめる。近ければ，叱る。

【(3) チャイムの鳴り始めから鳴り終わりまで，時間いっぱいする】

① 取りかかりが大事。チャイムでスタートできなければ，単純に掃除時間が短くなる。

② 終了時刻までは掃除をし続ける。基本的な掃除が終わったら，終了時刻まで，自分で汚い所を見つけてする。汚い所を見つける目が大切。

【掃除上手のポイント】

① 隅まで掃除ができているかどうかが勝負。隅まで掃除できている子がいれば，ほめる。

② 物を動かしている子もほめる。物を動かすと，隅まで掃除できる。また，運動量も上がる。

③ 手を汚すのを嫌がらない子は，ほめる。進んでトイレ掃除，雑巾ができる子は掃除上手。いつもホウキをしている子は，掃除下手。ホウキの子にも雑巾を持たせ，必ず両方させる。

④ スピード。素早く動けば，たくさん掃除できる。

【ほめ方】

① 5時間目の最初，その日の掃除のMVPを発表する。個人でもいいし，掃除場所でもいい。

② 学級通信でほめると効果倍増。どんどん実名を挙げ，どう掃除上手なのか具体的にほめる。

(中村)

My 掃除・作戦ノート

年　　月　　日〔　〕作成

基本方針

◆掃除を真面目にさせることを子どもたちに宣言する。理由も説明する。

※掃除に真面目に取り組むクラスは，間違いなく良いクラスです。子どもたちが納得する理由を考えて書きます。

(なぜ，掃除を真面目にする必要があるのか？)

◆掃除指導のポイントを3つに絞って，子どもたちに伝える。

(1)

(2)

(3)

◆ポイントを守らせるために。　※毎日することを書きます。

【(1)　　　　　　　　　】　※1つ目のポイントについて，どうやって徹底するのか書きます。

①

②

③

【(2)　　　　　　　　　】　※2つ目のポイントについて，どうやって徹底するのか書きます。

①

②

③

【(3)　　　　　　　　　】　※3つ目のポイントについて，どうやって徹底するのか書きます。

①

②

③

【掃除上手のポイント】　※子どもの掃除を見るポイントを箇条書きします。

①

②

③

【ほめ方】　※掃除をほめる時，有効な手だてを箇条書きします。

①

②

③

12 給食・作戦ノート例

基本方針

◆給食時間もクラスを鍛える時間。また，細かなルールを決め，秩序を維持することも大切。

◆給食指導のポイントを3つに絞って，子どもたちに伝える。また，その理由も説明する。

(1) 準備時間の目標は10分以内

……取りかかりの速さ，素早さ，協力を学ばせる。何事も協力すれば，早く終わる。

(2) 残菜「0（ゼロ）」が目標

……食材，給食費を払ってくださる保護者など，いろいろな人への感謝の心をもつため。特に給食をつくってくださる調理員さんへの感謝。調理員さんは，食缶が空になって帰ってくることが，一番嬉しい。残菜0で感謝の心を伝えよう。

(3) 時間内全員完食

……だらだら食べない。これも時間を大切に使うためである。

【配膳】

① 毎日4時間目終了のチャイムでキッチンタイマーを15分にセットし，準備時間を計る。

② 10分以内にできれば，クラスみんなで拍手をしてお祝いする。

③ 全員で協力してやる。そのために，全員にマスクを持って来させる。

④ 遠くの席から配っていく。

⑤ 少なめにつぐ。（減らす子がいなくなる。おかわりに勢いがつく）

【席・マナー】

① 班（4人）で席をくっつけて食べる。楽しく会話しながら食べるため。

② 週に1回は，自由席にする。子どもたちの人間関係を把握するため。

③ 独りの人が出たら，自由席は中止。嫌な思いをする人が出ないようにするため。

【おかわり】

① 食べ終わった子からおかわりOK。

② おかわりをする子は，「感謝の心をもっているえらい子」であるという位置づけをする。

③ お休みの子がいた時，人気のあるデザートなどは，おかわりしてくれた子でジャンケン。

【後片付け】

① その日の残菜が0になったら，食べ終わった子から片付ける。

② 最初は先生の所に持ってくる。（きれいに食べているかチェック）

【その他】

① アレルギーの子。（Aくん，魚介。自分で取り除く。Bさん，卵。代替食）

② お昼の放送の時は，おしゃべり禁止。放送委員への感謝であり，礼儀である。

③ 極端に嫌いな食べ物は，無理強いはしない。給食嫌いになり，学校嫌いになり，不登校につながる。少しがんばれば食べられる量に減らしてあげる。適切なハードル設定をする。

（中村）

My 給食・作戦ノート

年　　月　　日〔　〕作成

基本方針

◆給食時間もクラスを鍛える時間。また，細かなルールを決め，秩序を維持することも大切。

◆給食指導のポイントを3つに絞って，子どもたちに伝える。また，その理由も説明する。

※給食指導のポイントを3つに絞って書きます。また，子どもたちに説明する理由も，……に続けて書きます。

(1)

……

(2)

……

(3)

……

【配膳】　※どのように配膳させるか，子どもたちに伝えることを箇条書きします。

①

②

③

④

⑤

【席・マナー】　※どういう意図で，どういう席で食べさせるのか，箇条書きにします。

①

②

③

【おかわり】　※おかわりのルールを明示して子どもたちに伝えます。

①

②

③

【後片付け】　※後片付けのルールを箇条書きします。

①

②

③

【その他】　※その他に配慮することを箇条書きします。

①　アレルギーの子（　　　　　　　　　　　　　　　　　　　　　）

②

③

④

⓭ 挨拶，返事・作戦ノート例

基本方針

◆挨拶・返事にこだわって指導することを子どもたちに宣言する。

  その理由は？……挨拶・返事ができない人間は，社会で通用しない。

              ……近い未来の話だと，中学校の部活でもレギュラーにはなれない。推薦入試も合格しない。

◆挨拶・返事指導のポイントを3つに絞って，子どもたちに伝える。

  (1) 大きな声で……聞こえないと意味がない。明るい印象を与えるように。

  (2) 挨拶は自分から……挨拶されて返すのでは遅い。自分から挨拶できる子は感じが良い。

  (3) 名前を呼ばれたら，必ず返事。挨拶されたら，必ず挨拶を返す

              ……当たり前だが，返事，挨拶を返さないと失礼である。

◆できていない子を叱るのではなく，できている子をほめる。

【(1)　大きな声で】

① 教師も大きな声で挨拶する。お手本になる。

② 声の大きな子を「元気が良くて気持ちのいい挨拶だ」とほめる。ほめて典型化する。

③ クラス全員で返事をする機会を増やし，全体の声の大きさを底上げしていく。例「今から，漢字テストをします」「はい」「100点取れるように，がんばってくださいね」「はい」

【(2)　挨拶は自分から】

① 先に挨拶をした子には，「先生より，先に言われちゃった。やられた！」と言う。逆に教師が先に挨拶をしたら，「先生の勝ち！　先に言った」と言う。ゲームを楽しむような雰囲気で先に挨拶することを教える。

② たまにキャンペーン的な指導をする。自分が先に挨拶できたら1点で，朝，何点取れるか勝負する。点数を聞き，最高得点の子をほめる。ただし，キャンペーン的な指導は，長くはしない。あきるから。

③ 「お願いします」「ありがとう」という挨拶が自分からできるようにする。ほめて典型化していく。また，プリントを配る時は「どうぞ」「ありがとう」と言うことを徹底する。

【(3)　名前を呼ばれたら，必ず返事。挨拶されたら，必ず挨拶を返す】

① 最終目的は，卒業式の呼名。最高の返事で今まで育ててくださった保護者に立派な姿を見せる。

② 「はいっ」と短く切って言うように指導する。

③ 健康観察時，大きな声で返事をさせる。小さな場合は，やり直しをさせる。

④ テストを返す時には，必ず1人ひとり名前を呼び，大きな声で返事をさせる。返事の小さい子は，後回しで，再度名前を呼んで返事をさせる。

              （山根・中村）

My 挨拶，返事・作戦ノート

年　　月　　日〔　〕作成

基本方針

◆挨拶・返事にこだわって指導することを子どもたちに宣言する。

※なぜ，挨拶・返事が大切なのか，子どもたちが納得する理由を考えて書きます。

その理由は？

_____

_____

_____

_____

◆挨拶・返事指導のポイントを3つに絞って，子どもたちに伝える。

(1) _____

　……_____

(2) _____

　……_____

(3) _____

　……_____

【(1)　　　　　　　　　　　　　　　　　　　　　　　】

※1つ目のポイントについて，どうやって鍛えるのか書きます。

① _____

② _____

③ _____

【(2)　　　　　　　　　　　　　　　　　　　　　　　】

※2つ目のポイントについて，どうやって鍛えるのか書きます。

① _____

② _____

③ _____

【(3)　　　　　　　　　　　　　　　　　　　　　　　】

※3つ目のポイントについて，どうやって鍛えるのか書きます。

① _____

② _____

③ _____

14 厳しく叱る・作戦ノート例

基本方針

◆子どもたちは，厳しい先生が嫌いではない。「厳しく叱る」ことで教室に秩序をもたらすことができる。すると，子どもたちは「安心」して学校生活を過ごせる。

◆「どのタイミングで」「何について」「どの子に」カミナリを落とすと有効なのか？　作戦をしっかり立てて「厳しく叱る」。

◆3日目までに，教師の厳しい姿勢を見せる。そのために「叱るパフォーマンス」をする。（早めに教師の厳しい面を見せておく。後になると，優しい先生だと思っていた子は，裏切られた気分になる）

【叱り方のポイント】

⑴　その場で叱る……時間が経てば経つだけ，効果が半減する。昔のことをもち出すと，子どもたちは，「しつこい」「うざい」と感じる。

⑵　短く，1点のみ……ポイントを絞らないと，子どもたちは何について叱られているのか分からない。サッと叱って，何事もなかったように普通に話す。

⑶　迫力をもって……叱ることは教師の大事な仕事である。躊躇しない。子どもたちに伝えるために大切なのはムード。全身全霊を込めて，怒鳴りつける。

【「厳しく叱る」時に気をつけること】

①　みんなの前では個人を叱らない。個人は，人目のない所に連れて行き，個別に叱る。（今どきの子は，プライドだけは一人前）

②　みんなの前ではクラス全体を叱る。

③　特に高学年女子は，みんなの前で叱ることはしない。（クラスに好きな男子がいる場合もある。みんなの前で叱ると，担任から離れていく）

④　「やんちゃ君」は周りの子を叱る。（「やんちゃ君」を増やさない。増えると，学級崩壊の危険が高まる。「やんちゃ君」の周りの子は，もともとそんなに悪い子ではない）

⑤　発達障害をもつ子は，みんなの前で叱らない。上手に「流す」。（周りの子が，その子のもつ問題に気づかないように。その子が何となくできている印象を与える支援をする）

⑥　叱られ役の子を育てる。（明るく外向的な男子。男子からも女子からも一目置かれた人気者がいい）叱るかわりに，思いっきり可愛がる。

⑦　めったに叱らず，ポイントを選ぶ。怒鳴るのは，月1回が限度。（カミナリもいつも落ちると怖くない。子どもたちが慣れてしまうと，怖さは半減する。また，教師にとって，怒鳴るのは最終兵器。体罰は禁止されている）

⑧　フォローを忘れない。（今どきの子は，叱られ慣れていない。できれば，帰るまでにフォローの言葉をかける）

（山根・中村）

My 厳しく叱る・作戦ノート

年　　月　　日〔　〕作成

基本方針

※教室の秩序を維持するためにも，子どもたちを鍛え育てるためにも，「厳しく叱る」は，避けて通れません。「厳しく叱る」という覚悟と目的を書きます。

◆ _____

◆ _____

◆ _____

【叱り方のポイント】　※こうすれば効果的に叱ることができると思うポイントを3つに絞って書きます。理由も考えて書きます。

(1) _____

　……

(2) _____

　……

(3) _____

　……

【「厳しく叱る」時に気をつけること】　※「厳しく叱る」ことは，慎重に行う必要があります。気をつけることを箇条書きします。

① _____

② _____

③ _____

④ _____

⑤ _____

⑥ _____

⑦ _____

⑧ _____

15 先生が叱ること・作戦ノート例

◆子どもたちは，いけないことをしたらしっかり叱ってくれる先生を求めている。叱るポイントを明確にして，叱る。

◆学級開き３日目までに「先生が叱ること」を３つに絞って子どもたちに伝える。

◆また，その理由も伝える。

(1) 命に関わること（いじめを含む）

……子どもたちが安全に学校生活を過ごすことができるようにするのが，先生の一番の仕事である。命の危険があるような行為はきちんと叱って，安心して過ごせる教室をつくる。特に「いじめ」があれば，全力で「戦う」。その決意は強く子どもたちに伝えておく。

(2) 当たり前のことを当たり前にしない

……「掃除」「給食」「挨拶・返事」など，当たり前のことを当たり前にするのが社会に出て一番大切。しかし，実は一番難しい。当たり前のことが当たり前にできる人になれるように叱る。

(3) 全力でやらない。全力でやる人をバカにする

……全力を出し，努力を続ける人は大きく成長する。しかし，人はどうしても楽な方向に流されがちになる。楽をして自分を成長させていない時は，叱って追い込む。また，全力を出すことを邪魔する行為は絶対に許さない。

◆「先生が叱ること」を実行するために。

① 教室を真面目な雰囲気にする。姿勢を正させ，手も膝に置かせる。教師は真剣な表情で「先生が叱ることを３つ話しておきます。心してききなさい」と話し始める。子どもたちはムードに従う。重たい雰囲気を演出することが大切。

② 教室はシーンとなるだろうが，こういう雰囲気も大事にする。教室は盛り上がる時とシーンとする時，このメリハリが大事なのである。私はシーンとした雰囲気は苦手だが，そのまま話し続ける。

③ 「先生が叱ること３つ」（教師）「先生が叱ること３つ」（クラス全員）「イチ，命に関わること」（教師）「イチ，命に関わること」（クラス全員）……と復唱させ，覚えさせる。この日だけでなく，機会があるごとに言わせる。

④ 「先生が叱ること」３つに当たる行為があれば，必ず厳しく叱る。特に学級開き当初は，子どもたちが教師を試してくる。その時に，宣言したことを必ず守る教師の強い姿勢を示しておくことが大切である。

⑤ 宣言した３つの事以外については，大きく叱らない。怒鳴るのではなく，注意するイメージである。

⑥ 子どもを伸ばすために叱る。子どもがやる気をなくすような叱り方をしてはいけない。感情的にならず，今後のことを考えて叱る必要がある。

⑦ 叱った後に，行動を改める姿があれば，成長をほめる。成長をほめるチャンスは，絶対に逃さない。

（伊藤・友田）

My 先生が叱ること・作戦ノート

年　　月　　日〔　〕作成

基本方針

★なぜ子どもたちを叱るのか，叱ることの目的を自分なりに整理して書きます。

叱るのは，

のため。

◆子どもたちは，いけないことをしたらしっかり叱ってくれる先生を求めている。叱るポイントを明確にして，叱る。

◆学級開き3日目までに「先生が叱ること」を3つに絞って子どもたちに伝える。

◆また，その理由も伝える。

※学級開きで宣言する「先生が叱ること」を3つに絞って書きます。また，なぜこの3つの時に叱るのか，子どもたちが納得する理由を……に続けて書きます。

(1)

……

(2)

……

(3)

……

◆「先生が叱ること」を実行するために。　　※「先生が叱ること」を説明する時，実行する時に気をつけることを箇条書きします。

①

②

③

④

⑤

⑥

⑦

16 ほめる・作戦ノート例

◆子どもの良い行動は，必ずほめる。（子どもは，ほめられた方向に育つ。また，子どもは，ほめられることが大好き。子どものやる気を引き出し，教師との信頼関係を築くことができる）

◆ほめることは躊躇しない。どんな時がほめるチャンスか，思いつくだけ書き出す。

(1) 当たり前のことが当たり前にできている（教師は当たり前だと思ってはいけない。当たり前のことを当たり前にするには努力が必要。がんばっているのである）

……ルールを守る，時間を守る，人に迷惑をかけない，給食，掃除，挨拶，返事など。

(2) 自ら進んでした

……進んで働いた，大役に立候補した，出された以上の宿題をしてくるなど。

(3) 人のためにした

……休んでいる子のかわりに係の仕事をしてあげた，低学年を保健室に連れて行ったなど。

(4) 成長が見られた（子どもの変化を見逃さない）

……できなかったことができるようになった，やらなかったことをするようになったなど。

(5) 精一杯がんばっている（がんばったら，とにかくほめる）

……良い姿勢，丁寧に字を書いている，大きな声で音読した，授業中に何度も発言したなど。

(6) がんばろうという姿勢をほめる（結果がダメでも，意欲，発想，過程をほめる）

……最後までがんばって発言した，恐る恐る手を挙げようとしたなど。

◆ほめる時に気をつけること。

① 子どもをしっかりと見ることが大前提である。

② どの行動が良いのか，具体的に説明する。

③ なぜその行動が良いのか，理由をきちんと説明する。

④ 学級通信に実名を挙げてほめると，効果は100倍。

⑤ 子どもによって，ほめ方を変える。（一般的に男子はみんなの前でほめると効果的。高学年女子は個別にほめた方が効果的。例外もあるので見極める）

⑥ 第三者からの言葉を使ってほめるといい。（「校長先生が○○とおっしゃっていた」など）

◆ほめ言葉メモ……「素晴らしい」「たいしたもんだ」「感心した」「すごい！」「やったね！」「やるなあ」「かっこいい！」「嬉しいな」「心の底から嬉しい！」「感動した！」「ありがとう」「助かったよ」「そうか！」「その通り！」「確かに！」「おもしろい」「爆笑王だ！」「好きだな」「さすが！」「○○王（名人）だ」「天才！」「君しかいない！」「知らなかった！」「みんなの勉強になるね」「先生も勉強になった」「できるようになった！」「えっ!?　そんなこともできるの？」「びっくりした！」「これができるなんてすごい！」「すごすぎ」「最高！」「成長したね」「ものすごく伸びた！」「○○くんのお陰だ」「君たちを誇りに思うよ」

(伊藤・中條)

My ほめる・作戦ノート

基本方針

◆子どもの良い行動は，必ずほめる。（子どもは，ほめられた方向に育つ。また，子どもは，ほめられることが大好き。子どものやる気を引き出し，教師との信頼関係を築くことができる）

◆ほめることは躊躇しない。どんな時がほめるチャンスか，思いつくだけ書き出す。

※ほめるチャンスを思いつくだけ書き出します。また，ほめることができる子どもの姿を具体的に想像して「……」の後に書きます。

(1)
　　……

(2)
　　……

(3)
　　……

(4)
　　……

(5)
　　……

(6)
　　……

◆ほめる時に気をつけること。　　※ほめる時に気をつけることを箇条書きします。

①
②
③
④
⑤
⑥

◆ほめ言葉メモ　　※ほめ言葉を書きます。少なくとも 20 のバリエーションはもちましょう。

①	②	③
④	⑤	⑥
⑦	⑧	⑨
⑩	⑪	⑫
⑬	⑭	⑮
⑯	⑰	⑱
⑲	⑳	

「7」の作戦を立てる前に

新年度「7」日目までにしておくことは，次の通りです。

> 子どもたちが，朝来てから，帰るまで。
> 学級で過ごすために必要な1日のルールを全て決める。

私の学級の子どもたちは，朝学校に来て，どのように過ごしているでしょう？

・学校に来たら，かかとを揃えて靴を下駄箱に入れる。
・教室に入る時に，必ず先生に挨拶をする。（大きな声で，自分から）
・ランドセルから最初に漢字ノートを取り出して提出する。
・集金があれば，必ず先生に手渡しする。
・自主学習ノートと日記帳，プリントはオルガンの上に出す。
・他の提出物は，黒板に書いてある指示通りに，箱に分けて入れる。
・提出物を全て出し終わったら，ランドセルを片づける。トイレなどはその後で行く。
・係は窓を開ける。日直は黒板に今日の日課を書く。
・時間のある子は教室の後ろに貼ってある歴史クイズに挑戦する。（拙著『歴史壁面クイズで楽しく学ぼう②鎌倉時代〜江戸時代』黎明書房を参照）
・8時10分までに，席に着く。着いていなければ，遅刻。
・朝自習は，黙って座ってする。

などなど，今思いつくだけでも，私の学級には朝自習までにいろいろなルールがあります。
1日を通すと，それこそ山のようなルールがあるでしょう。
それらのルールを全て「7」日目までに決めてしまいます。
子どもたちが迷うことなく1日を過ごせるようにするのです。
「教室に入る時は，必ず先生に挨拶をする（大きな声で，自分から）」「朝自習は，黙って座ってする」など子どもたちを鍛え育てるためのルールも明示します。
学級は，やはり子どもたちを鍛え育てる場です。厳しいルールも必要なのです。
この「7」で決めたルールを「30」で徹底していくことになります。
まずは，「7」日目までに，学級で過ごすために必要な1日のルールを子どもたちに教えておきましょう。
そのためには，どんなルールにするか？　教師の作戦が欠かせません。
しっかりと作戦を立て，「7」日目までに子どもたちが1日をどう過ごすのか決めてください。

第4章

新学期7日目までに「1日の流れをつくる」

1日をスムーズにスタートさせるために・作戦ノート例

基本方針

◆黒板に次のメッセージを書き，子どもたちがスムーズに1日をスタートできるようにする。

(1) ポジティブなメッセージ

……子どもたちが良い気分で1日をスタートできるようにする。

(2) 提出物についての指示

……提出物で朝の会が延びるのを防いで，スムーズに1時間目に入ることができる。

(3) 朝，朝自習ですべきことについての指示

……子どもたちが何をすべきか明確に分かり，スムーズに朝自習に入ることができる。

【(1) ポジティブなメッセージ】

① 昨日の生活の中で，子どもが頑張っていたところや良かったところを書く。(昨日は全員が1回以上発表できて，すごかったね！」「○○くん，逆上がりができるようになったね。おめでとう！」など) すると，子どもたちは朝からやる気が出る。

② 子どもになってほしい姿を具体的に書く。

(「昨日のみんなの挨拶にはびっくりしたな。今日も教室に入るのが楽しみです」など) すると，子どもたちはその姿になるようにがんばる。

【(2) 提出物についての指示】

① その日予想される提出物の数だけかごを用意し，置いておく。

ただし，集金や個人情報を含むもの(身長，体重が書いてある書類など)は教師が来てから直接集める。

② その日提出するものについて，黒板に書いておく。

(「今日の提出物，⑴移動教室同意書，⑵PTAの手紙」など)

③ 全員提出が必要なものについては，名簿を用意し，提出した子には自分で丸をつけさせる。

④ 慣れるまでは，提出した人が丸をつけているかどうかを丁寧に確認する。丸をつけることが定着するように声をかけて，徹底させていく。(教師が放課後などに提出物チェックをする時間の短縮につながり，子どもと向き合う時間が確保できる)

【(3) 朝，朝自習にすべきことについての指示】

① 朝自習の前に伝えておいたほうが良いことを書いておく。

(「今日は1時間目が発育測定なので，体操着に着替えておきましょう」など)

② 朝自習の内容を簡潔に書いておく。課題が終わった後の指示も板書し，空白の時間が生まれるのを防ぐ。(「朝自習・算数ドリル13→読書」など)

(五十嵐)

1日をスムーズにスタートさせるために

My・作戦ノート

年　　月　　日〔　〕作成

基本方針

◆黒板に次のメッセージを書き，子どもたちがスムーズに1日をスタートできるようにする。

※黒板に書いておくと良いと思うことを箇条書きします。また，その理由を……に続けて書きます。

(1)

　……

(2)

　……

(3)

　……

【(1)　　　　　　　　　　　　　　】　※1つ目の内容を詳しく説明します。例も書きます。

①
②
③
④
⑤
⑥

【(2)　　　　　　　　　　　　　　】　※2つ目の内容を詳しく説明します。例も書きます。

①
②
③
④
⑤
⑥

【(3)　　　　　　　　　　　　　　】　※3つ目の内容を詳しく説明します。例も書きます。

①
②
③
④
⑤
⑥

18 朝自習・作戦ノート例

基本方針

◆自習の様子を見れば，そのクラスの力が分かる。毎日の朝自習は，クラスの力を伸ばす絶好の機会である。

◆朝自習のポイントを3つに絞って，子どもたちに伝える。その理由も説明する。

(1) 黙って行う

……教室に落ち着いた空気を生み出すことで，集中して朝自習に取り組める。また，落ち着いた1日のスタートを切ることができる。

(2) 座って行う

……周りの迷惑にならないように気をつけて過ごすことで，公共心を養う。また，離席しないのは，学習規律の基本中の基本である。

(3) 子どもたちだけで行う

……教師がいなくても動けるようにする。自分たちの手で何でもしようという，やる気のある学級へと成長していくことができる。

【(1)(2) 黙って・座って行う】

① 朝自習の内容は，担任が決める。

② 内容は，漢字練習，計算練習，プリントなど，子どもたちが取り組み方をイメージしやすいものにする。（取り組み方が分からないと，子どもたちは相談して，しゃべってしまう）

③ プリントなど配る必要のあるものは，朝自習の時間になる前に配っておくように指導する。

④ 「黙って，座って」が定着するまでは，必ず守れたかチェックする。

→「全員，起立！ 朝自習が黙って座ってできた人，座る」

⑤ 「黙って，座って」ができた子は，ほめる。特にクラス全員ができたら「すごいクラスだ！」とオーバーにほめる。できていない子は，叱る。きちんと評価することが大切。

⑥ どうしても守れない子は個別に指導したり，罰を与えたりする。罰は子どもたちと相談し納得の上決める。守れなかった子は「宿題2倍」「昼休み10分掃除」「漢字百字」など。

【(3) 子どもたちだけで行う】

① 子どもたちだけで行うことの大切さ，良さをしっかりと説明する。先生がいてちゃんとできるのは当たり前。先生がいない時こそ，本当の力が分かる。

② 日直，係など，朝自習を進める役を決める。

③ 「○時○○分になったら朝自習を始める号令をかけましょう。また，○時○○分になったら終わりの号令もかけましょう」と，朝自習の始め方と終わり方を指導する。

④ 号令は，始めは，決めてある内容に沿って「今日の朝自習は△△です。始めましょう」。最後は「あと2分で終わります。やったものは前に出して，片付けをしましょう」。 （藤原・山根）

My 朝自習・作戦ノート

年　　月　　日〔　〕作成

基本方針

◆自習の様子を見れば，そのクラスの力が分かる。毎日の朝自習は，クラスの力を伸ばす絶好の機会である。

◆朝自習のポイントを3つに絞って，子どもたちに伝える。その理由も説明する。

※朝自習のポイント「黙って」「座って」「子どもたちだけで」行う理由を「……」に続けて書きます。子どもたちが納得するように書きましょう。

(1) 黙って行う
……

(2) 座って行う
……

(3) 子どもたちだけで行う
……

【(1) **黙って行う**】　※どうすれば「黙って行う」を徹底できるのか書きます。

①
②
③
④
⑤

【(2) **座って行う**】　※どうすれば「座って行う」を徹底できるのか書きます。

①
②
③
④
⑤

【(3) **子どもたちだけで行う**】　※どうすれば「子どもたちだけで行う」を徹底できるのか書きます。

①
②
③
④
⑤

⓳ 朝の会，健康観察・作戦ノート例

基本方針

◆ まだ眠い子もいるので，しっかり頭と体を学習モードに切り替える。

◆ 約200日ある朝の会，健康観察で，小さなところにこだわり，コツコツ子どもを鍛えていく。教師のこだわり・しつこさがポイントである。

　(1)　大きな声を出させる　＊コロナ対策に合わせて無理のない範囲で行ってください。

　　　……大きな声を出させることで，子どもの頭と体を学習モードへと切り替える。また，大きな声を出すことの気持ちよさを味わわせる。

　(2)　健康観察で返事・挙手を鍛える

　　　……単なる健康を観察するだけの場とは捉えず，返事や挙手の仕方の練習の場とする。

　(3)　聞く力を鍛える

　　　……話を聞く姿勢や態度を育てる。また，内容をしっかりと聞けているかを確認することで聞き取りの力も同時に育てる。

【大きな声を出させる】　＊上記(1)に同じ。

①　教師の朝の挨拶は，子どもに負けないくらい大きな声でする。

②　子どもの挨拶の声が小さい場合にはやり直しをさせる。

③　たまには，挨拶を列対抗，個人対抗などにして声の大きさを競わせる。

④　朝の歌は大きな声で歌えた子を，歌の後に発表する。

【健康観察で返事・挙手を鍛える】

①　子どものフルネームで呼名する。今年は6年生担任なので，卒業式の返事を意識させる。

②　「はい，元気です」の「はい」をしっかり発声するよう指導し，声が小さい場合はやり直しをさせる。教師側は高い基準を持ち，繰り返し指導する。（もちろん個に応じて）

③　返事とともに，手の上げ方も指導する。真っ直ぐ上に耳につけて伸ばすこと，指先まで力を入れて伸ばすと美しいことを教える。

④　たまには，遊び心を加え，返事の後に言う言葉を変える。（例・好きな給食など「はい，カレーです」「はい，りんごのコンポートです」）

【聞く力を鍛える】

①　「話は目で聞くものです」と話す人の方を向いて聞くことの大切さを事前指導しておく。

②　先生の話（今日の予定，朝の打ち合わせで出た連絡事項，気になること）を整理しておく。「今日の連絡は○つあります。1つ目は，○○です」とナンバリング，ラベリングをして話すことが大切。

③　話し終わった後に，「1つ目，○○君」とランダムに指名して言わせ，内容を確認する。

④　テスト形式にして全員に書かせても良い。　　　　　　　　　　　　　　　（五十嵐・吉川）

My 朝の会，健康観察・作戦ノート

年　　月　　日〔　〕作成

基本方針

◆まだ眠い子もいるので，しっかり頭と体を学習モードに切り替える。

◆約200日ある朝の会，健康観察で，小さなところにこだわり，コツコツ子どもを鍛えていく。
教師のこだわり・しつこさがポイントである。

※朝の会・健康観察でどんな力をつけたいのか，3つに絞って書きます。また，なぜそれらの力をつけたいのか，「……」に続けて書きます。

(1)
……

(2)
……

(3)
……

【(1)　　　　　　　　　　　　　　　　　　　　　　　　　　　　　　　　】
※1つ目の力をどうやって鍛えるのか，具体的な手だてを箇条書きします。
①
②
③
④

【(2)　　　　　　　　　　　　　　　　　　　　　　　　　　　　　　　　】
※2つ目の力をどうやって鍛えるのか，具体的な手だてを箇条書きします。
①
②
③
④

【(3)　　　　　　　　　　　　　　　　　　　　　　　　　　　　　　　　】
※3つ目の力をどうやって鍛えるのか，具体的な手だてを箇条書きします。
①
②
③
④

20 日直・作戦ノート例

基本方針

◆「今日１日はみんなのリーダー」。日直は，全員ができる「リーダー体験」である。１日を楽しく，責任を果たして充実感をもって過ごしてほしい。

(1) 男女２人で協力して行う

……日直は，男女の２人組で行う。最初は名簿順に全員に体験させる。協力する大切さと相手への思いやりや心配りを学ぶことができる。

(2) 責任をもって，最後までやり遂げる

……任された仕事をやり遂げると達成感を味わえる。また，信頼されることの喜びを味わえる。

(3) 何のために活動をするのか，確認してから実行する

……日直の活動の多くは学級の仲間のためである。日直の仕事を通して，人の為に働くことの大切さ，充実感を感じさせる。

> ◆日直の仕事……窓開け，黒板に日課を書く，朝の会・帰りの会の司会，授業の号令，黒板消し，給食配膳台の準備・片づけ，スピーチ，窓締め

【(1) 男女２人で協力して行う】

① 帰りの会に，「明日の日直は○○さんと，△△君です。よろしくお願いします」というコーナーをつくる。

② 号令も，２人にさせる。１年生は，号令をみんなの前でかけることが難しい子もいる。２人で行うことで，ハードルを低くする意味もある。

③ 名簿順が一巡し全員が日直を体験したら，前日の日直が名前札を２枚引き，ランダムに決めても楽しい。

【(2) 責任をもって，最後までやり遂げる】

① 低学年であっても，「全部の仕事をする」ことを大切にする。終わったら裏返す仕事表をつくり，すべての仕事を終えて，次の日直に変わるというシステムにする。

② 司会や号令だけでなく，給食配膳台の準備，窓締めなどの仕事もさせる。裏方の仕事を行うことで，リーダーは目立たないところでも頑張ることが大切だということを伝える。

③ 朝の会でのスピーチなど，日直が輝ける場面をつくる。責任だけでなく楽しさも必要である。

【(3) 何のために活動をするのか，確認してから実行する】

① 毎学期の最初に日直の仕事は，「協力」「責任」「仲間のために働くこと」を学ぶためにあるということを子どもたちに話す。

② 「協力」「責任」「仲間のために働くこと」をがんばっていたら，ほめる。できていなければ，叱る。

③ 全体の前でほめる，叱るをくり返し，何のために日直の仕事をするのか？　を徹底する。

(中條・吉川)

My 日直・作戦ノート

基本方針

◆日直の活動ポイント　　※３つに絞って，子どもたちに伝えるポイントを書きます。また，なぜそのポイントなのか，理由を考えて，「……」に続けて書きます。

(1) _____
　……

(2) _____
　……

(3) _____
　……

※日直の仕事を具体的に考えて，箇条書きします。

①	（　　）	②	（　　）
③	（　　）	④	（　　）
⑤	（　　）	⑥	（　　）
⑦	（　　）	⑧	（　　）

※日直の子が「楽しい・輝ける仕事」なら（　）に○をつけます。少なくとも３つに○がつくように仕事を見直します。

◆日直の仕事

①	②
③	④
⑤	⑥
⑦	⑧

【(1)　　　　　　　　　】　※どうやって日直を決めるか，何人でやるか，などを書きます。

①
②
③

【(2)　　　　　　　　　】　※日直の仕事をしたか，チェックする方法などを書きます。

①
②
③

【(3)　　　　　　　　　　　　】　※その他，必要なことを書きます。

①
②
③

21 係活動・作戦ノート例

基本方針

◆係活動の基本コンセプト

当番活動ではなく，自分たちの「才能」や「工夫」でクラスを盛り上げる

◆当番活動ではない，創意工夫のある活動にするために。

(1) 係のメンバーは，自分たちで自由に決めさせる

(2) 自分たちの「才能」や「工夫」が活かせる活動をする

(3) 配り物を配るなどの当番活動は，それぞれの係に担当させる

【(1) 係のメンバーを自由に決めさせる】

① 2人以上のグループにする。独りの子が絶対にでないようにするため。

② 好き勝手な「自由」にしない。嫌な思いをする人がでないように，お互いに気遣い合う。嫌な思いをする人がでたら，「自由」を取り上げる。

③ 単なる仲良しグループでなく，同じ趣味や特技をもっている人が集まるように声かけをする。

【(2) 自分たちの「才能」や「工夫」が活かせる活動をする】

① 子どもたちに活動のイメージをたくさん例示する。「お笑い係（漫才，コントをする）」「新聞係（クラスの新聞をつくって配り，読み聞かせる）」「手話係（毎日手話を1つずつ教える）」「なんでもランキング係（「将来芸能人になりそうな人」などアンケートをとる。そして，そのランキングを発表する）」「ミュージック係（クラスの歌をつくりみんなで歌う）」など。

② 帰りの会に「係活動のコーナー」を設ける。各係が週に最低1回ずつコーナーを担当し，クラスを盛り上げる活動をする。

③ 係でポスターを1枚つくる。係の名前（ユニークな名前が良い），メンバー（「社長」など役職を決めると楽しい），創造的な活動（いつ，何をするのか明示させる），当番活動を書く。ポスターは，教室に掲示する。

④ 各係の活動時間は，時間制限を設ける。（週に1回の係は5分以内。毎日の係は2分以内）。きちんと準備し，だらだらさせない。

⑤ 自分たちの活動がクラスを盛り上げているか，月に1回ふり返りを書かせる。

【(3) 当番活動】

① 黒板消し，配り物など，当番活動を係の数だけ挙げる。それらは，各係が1つずつ担当する。

② 各係が担当しても他に仕事がある場合は，日直に担当させる。　　　　　（氏家・藤原）

My 係活動・作戦ノート

年　　月　　日〔　〕作成

基本方針

◆係活動の基本コンセプト　　※どんな係活動をさせたいのか書きます。

◆コンセプトを実現するために。　　※どんなグループでどんな活動をさせるのか？　など具体的に
　　　　　　　　　　　　　　　　　書きます。

（1）　グループは？

（2）　どんな活動？

（3）　その他の留意点

【(1)　　　　　　　　　　　　　　　　】　※係のグループを決める時に配慮することを書きます。
①
②
③
④
⑤

【(2)　　　　　　　　　　　　　　　　　】　※各係にどんな活動をさせるか書きます。
①
②
③
④
⑤

【(3)　　　　　　　　　　　　　　　　】　※その他の留意点を書きます。
①
②
③
④
⑤

22 休み時間・作戦ノート例

基本方針

◆子どもにとっては休み時間でも，教師にとっては休み時間ではない。本当に休んでしまうと，学級は成り立たない。

◆休み時間を使って戦略的に子どもたちと教師の関係をつくる。また，子ども同士の関係を観察する。同僚とのコミュニケーションも忘れない。

◆教師の休み時間の使い方のポイント。

  (1)　休み時間の過ごし方の原則をつくる

  (2)　子どもたちと教師の関係をつくる

  (3)　子どもたち同士の関係を観察する

【(1)　休み時間の過ごし方の原則をつくる】

①　10分間の短い休み時間は，宿題などの丸つけをしながら，子どもたちと雑談する。

②　中間休み（20分間）は，職員室で同僚とコミュニケーションをとる時間にする。

③　昼休みには，必ず子どもたちと関わる。職員室では過ごさない。

【(2)　子どもたちと教師の関係をつくる】

①　昼休みは，曜日ごとに一緒に遊ぶグループを決めておく。（月は女子となわとび。火は男子とサッカー。水は一輪車をしている子。木は全員遊び。金は一緒に遊べなかった子のためにとっておく）

②　一週間でクラス全員と関わる。（一緒に休み時間を過ごした子の名前を名簿でチェックする）

③　週に一度は全員遊びをする。（内容は係にアンケートをとって決めさせる。教師も一緒に入り，誰よりも盛り上がる）

④　学習が遅れている子の個別指導は，10分休み，中間休みに行う。子どもたちが楽しみにしている昼休みには絶対に行わない。

【(3)　子どもたち同士の関係を観察する】

①　10分休みに子どもたちと雑談で盛り上がりながらも，誰がどこで何をしているのかは注意深く観察しておく。

②　昼休みは，誰が誰とどこで過ごしているかを見ておく。（外に出る時は，図書室などを見て回ってから出る。外に出てからもグラウンドを1周し，子どもたちの遊びを把握する）

③　姿が見えなかった子は，後で何気なく「休み時間は何してたの？」と聞く。

④　独りぼっちの子がいれば，教師が遊びに誘う，子どもたちに誘うようにお願いしておくなどの手を打つ。

（五十嵐）

My 休み時間・作戦ノート

年　　月　　日〔　〕作成

基本方針

◆子どもにとっては休み時間でも，教師にとっては休み時間ではない。本当に休んでしまうと，学級は成り立たない。

◆休み時間を使って戦略的に子どもたちと教師の関係をつくる。また，子ども同士の関係を観察する。同僚とのコミュニケーションも忘れない。

◆教師の休み時間の使い方のポイント。
　(1)　休み時間の過ごし方の原則をつくる
　(2)　子どもたちと教師の関係をつくる
　(3)　子どもたち同士の関係を観察する

【(1)　休み時間の過ごし方の原則をつくる】　※休み時間をどう過ごすか，原則をつくります。

①　10分休みは，

②　中間休みは，

③　昼休みは，

【(2)　子どもたちと教師の関係をつくる】

※昼休みは，曜日ごとに遊ぶグループを決めます。また，その他，具体的な手だてを書きます。

①　昼休みに遊ぶグループ　月・　　　　　　　　　　火・
　水・　　　　　　　　木・　　　　　　　　　金・

②

③

④

【(3)　子どもたち同士の関係を観察する】　※観察するための具体的な手だてを書きます。

①

②

③

④

第4章　新学期7日目までに「1日の流れをつくる」　59

23 帰りの会・作戦ノート例

基本方針

◆帰りの会は１日のまとめをする大切な会である。また，１日を楽しく終わり，子どもたちに「今日は楽しかったな」「明日も学校に来たい！」と思わせることも大切である。

◆その反面，子どもたちは早く帰りたいので，時間をかけないように行うことも必要である。

◆帰りの会のポイント。

(1) 最後の授業終了から２分後に，帰りの会を始める

(2) 10分で終わるように，帰りの会のプログラムを３つに絞る

(3) 「さようなら」の前に楽しいゲームを１つする

【(1) 最後の授業終了から２分後に，帰りの会を始める】

① 最後の授業が終わった時に，キッチンタイマーを２分にセットする。全員がランドセルを片づけ，ピシッと良い姿勢をするまでの時間を計る。

② ２分以内に準備できれば，「すごいクラスだ」とほめる。２分以内に準備できない子は叱る。

③ 最初の内は，全員が２分以内に準備できた時にだけ，楽しいゲームで「さようなら」することにする。時間を大切にすれば，余裕が生まれ，いろいろ楽しいことができる。そのことを実感させるためである。

【(2) 10分で終わるように，帰りの会のプログラムを３つに絞る】

① 日直の司会で次の３つのプログラムをテンポ良く行う。

② １つ目は，「友達のいいとこさがし」にする。今日１日を振り返った時に，友達が頑張っていたところ，してもらって嬉しかったことを発表し合う。見つけた子のことも，「友だちのいいところを見つけられる素敵な目をもっているね」などと言ってほめる。互いに認め合うことで自己肯定感が高まる。

③ ２つ目は，「係・当番からの連絡」にする。係が明日の専科の授業についてなどを連絡する時間にする。

④ ３つ目は，「先生からのお話」にする。１日のふり返りや明日のことなどを手短に話す。

【(3) 「さようなら」の前に楽しいゲームを１つする】

① ゲームは，短時間で行えるものにする。

② 勝った人から帰ることができる（教師と全員が同時にジャンケンして，１回勝ったら立つ，２回勝ったら教室の後ろ，３回勝ったら「さようなら」），できた人から帰ることができる（ひらがな暗号「し↑ろ→い↓←たり↑」，答え「さようなら」が分かった人から「さようなら」）など，ルールを工夫する。

(五十嵐・藤原)

My 帰りの会・作戦ノート

年　　月　　日〔　〕作成

基本方針

◆帰りの会は1日のまとめをする大切な会である。また，1日を楽しく終わり，子どもたちに「今日は楽しかったな」「明日も学校に来たい！」と思わせることも大切である。

◆その反面，子どもたちは早く帰りたいので，時間をかけないように行うことも必要である。

◆帰りの会のポイント。　　※(1)の（　）に目標タイムを書きます。

　(1)　最後の授業終了から（　　）分後に，帰りの会を始める

　(2)　10分で終わるように，帰りの会のプログラムを3つに絞る

　(3)　「さようなら」の前に楽しいゲームを1つする

【(1)　最後の授業終了から（　　）分後に，帰りの会を始める】

※目標時間をクリアするための具体的な手だてを書きます。

① _____

② _____

③ _____

④ _____

⑤ _____

【(2)　10分で終わるように，帰りの会のプログラムを3つに絞る】

※10分で終わるプログラムを3つ書きます。

①　日直の司会で次の3つのプログラムをテンポ良く行う。

②　1つ目は，

③　2つ目は，

④　3つ目は，

【(3)　「さようなら」前に楽しいゲームを1つする】

※短時間でできるゲームを箇条書きします。

・(例)　漢字暗号「左世羽菜等（さようなら）」が分かった人は，先生に言いに来て帰る。

・

・

・

・

・

・

・

「30」の作戦を立てる前に

新年度「30」日目までにしておくことは，次の通りです。

> 「3」や「7」で決めたルールをくり返し指導し，徹底する。

「3」や「7」でルールを決めました。

しかし，決めただけで，子どもたちがルールを守るはずがありません。

くり返し指導し，徹底することが必要です。

子どもたちは放っておくと，楽な方へ楽な方へと逃げてしまいます。

掃除中にしゃべったり，下駄箱にかかとを揃えずに入れたり，挨拶が自分からできなかったり声が小さかったりと，いろいろなことができなくなってしまうのです。

しかし，それを許してはいけません。

あきらめず，しつこく，くり返し指導します。決めたルールを貫徹することが大切です。

まずは「貫徹する」という覚悟をもってください。

くり返し指導し，それが「当たり前」になってしまえば大丈夫です。

掃除を黙ってやるのが当たり前，下駄箱にかかとを揃えて入れるのが当たり前，挨拶は自分から大きな声でするのが当たり前，などなど。

我々教師の仕事は，「当たり前」を増やしていくことだと思います。

それと，大事なのが，「30」で学級が軌道に乗るまでは，絶対に学級づくりの手を抜かないことです。

そのためにも，毎日1日の細かなタイムスケジュールを立て，抜けなく過ごすことが大切です。

最初の「30」日目までは，ぜひ，「24　クラスが軌道に乗るまでの1日の細かなタイムスケジュール」のページを使って，「作戦」を立て続けてくださいね。

軌道に乗ってしまえば，少々の失敗や抜けが許されるようになるのですが……「30」日目までは，とにかくがんばりどころです。

体や心がキツくても，全力で学級づくりに取り組みましょう。

そうすれば，後の11ヵ月は楽できます。

残り11ヵ月を楽に楽しく過ごすためにも，お互い最初の「30」日，全力で学級づくりをがんばりましょうね。

私もがんばります！

第5章

新学期30日目までに「くり返し徹底し，クラスを軌道に乗せる」

基本方針

◆クラスは軌道に乗るまでが勝負。最初の30日でクラスを軌道に乗せる。

◆クラスが軌道に乗るまでは，分刻みでスケジュールを立て，無駄なく，抜けなく過ごす。

◆毎日分刻みで動くのは，キツイ。しかし，ここで手を抜くと，学級は成り立たない。逆にここ
で軌道に乗せてしまえば，後の11ヵ月は楽できる。

※終わったら，線で消す。

■**4月12日（火）の段取り**　※田村さん連絡帳（忘れない！）

【朝イチ】
　7：50　すぐに教室に行き，田村さんの連絡帳に手紙（忘れない！）

【1時間目・国語】　　8：30〜9：10　※国語の前にいろいろ済ませる
①挨拶　割り箸くじ→号令　うまく行かなければ数回やる　　　→健康観察
②朝自習，黙ってできたかチェック
③連絡帳　4月13日（水）1．社会　2．国語　3．算数　4．5．図工（視力検査）
　　　　　（も）検尿　（宿）漢ド⑤漢字＋ひらがな
④生活カードなど集める
⑤配り物　最初検尿　学校名，組，番号書かせる　→チェック
⑥学級通信読み聞かせ（1枚目）
⑦漢字ドリル　名前書かせる→チェック
⑧作業　(1)漢字ドリル③→持ってくる　(2)漢字ドリル④→持ってくる
　　　　　(3)社会科資料集に名前→持ってくる　(4)社会科資料集を黙って読む
⑨漢字ノート　名前書かせる→チェック
⑩宿題のやり方説明　→ひらがなだけ書かせる
　　　　　　　　　　　　　※「漢字書く」「ひらがな書く」と漢字ノートにメモさせる
　　　　　　　　　　　　　※終わった人，教えてあげる
⑪漢字ドリルの漢字歌「だいじょうぶ　だいじょうぶ」
⑫群読「小川のマーチ」

【2時間目・学活】　　9：20〜10：00
①学級通信読み聞かせ（2枚目）
②話し合いを進める
　※席替えは，6列，お見合い方式
③時間が余れば，算数へ

【3時間目・算数】 10：15〜10：55

①計算スキル　名前チェック

②計算スキル　答え合わせ

　　→解説　集めてデキをチェック

③算数教科書に名前　→チェック

④算数ノートに名前　→チェック

⑤教科書の授業

【4時間目・図工】 11：05〜11：45

①くつの絵　よく見て詳しく描く

　　　　　　見える線は全部描く

②10分前に終了

③給食説明　当番，番号の給食着を使う

　　　　　　全員で協力して準備。10分以内が目標

　　　　　　※少なめに配膳　　　★初めての準備の様子，メモ。学級通信へ

【給食】 11：45〜12：30

※給食のルール　感謝の心で残菜「0」を目指そう

　　　　　　　　時間内に完食。食べられる量にする。ただし，減らしすぎない

　　　　　　　　先生は多くは食べられない。君たちは勉強

【終わりの会】 12：30〜12：45

①ランドセル　しまう→もどす　　2分以内目標

②掃除上手なクラスにします！　まずは，絶対にしゃべらない。

【掃除】 12：45〜13：00　　　★様子をチェック　通信へ

【下校】 13：05〜

①掃除おしゃべりチェック　　★通信へ

②門番ジャンケン＊　★通信へ　　　第1門番……

　　　　　　　　　　　　　　　　第2門番……

　　　　　　　　　　　　　　　　最初に帰った人……

　　　　　　　　　　　　　　　　2番以降……

＊「門番ジャンケン」は拙著『子どもも先生も思いっきり笑える73のネタ大放出！』（黎明書房）を参照してください。

（山根・中村）

My クラスが軌道に乗るまでの１日の細かな タイムスケジュール・作戦ノート

年　　月　　日〔　〕作成

基本方針

◆クラスは軌道に乗るまでが勝負。最初の 30 日でクラスを軌道に乗せる。

◆クラスが軌道に乗るまでは，分刻みでスケジュールを立て，無駄なく，抜けなく過ごす

◆毎日分刻みで動くのは，キツイ。しかし，ここで手を抜くと，学級は成り立たない。逆にここで軌道に乗せてしまえば，後の 11 ヵ月は楽できる。

※時刻とやることを書きます。　　　※メモすることは，「★」で書きます。

※その他，必要なことはどんどん書き込みます。

※終わったら，線で消す。

■　　月　　日（　　）の段取り

【朝イチ】
　　　　：　　～　　：
　　　　：　　～　　：
　　　　：　　～　　：

【1時間目】　　　：　　～　　：　　※やることを①②……と箇条書きします。
①
②
③
④
⑤

【2時間目】　　　：　　～　　：　　※やることを①②……と箇条書きします。
①
②
③
④
⑤

【3時間目】　　　：　　～　　：　　※やることを①②……と箇条書きします。
①
②
③
④
⑤

【4時間目】　　　：　　～　　：　　※やることを①②……と箇条書きします。
①

②
③
④
⑤

【給食】 　　：　〜　　： 　　　　※やることを①②……と箇条書きします。

①
②
③
④
⑤

【掃除】 　　：　〜　　： 　　　　※やることを①②……と箇条書きします。

①　　　　　　　　　　　④
②　　　　　　　　　　　⑤
③

【5時間目】 　　：　〜　　： 　　　　※やることを①②……と箇条書きします。

①
②
③
④
⑤

【6時間目】 　　：　〜　　： 　　　　※やることを①②……と箇条書きします。

①
②
③
④
⑤

【終わりの会】 　　：　〜　　： 　　　　※やることを①②……と箇条書きします。

①
②
③
④
⑤

【下校】 　　：　〜 　　　　　　※やることを①②……と箇条書きします。

①　　　　　　　　　　　④
②　　　　　　　　　　　⑤
③

25 「30日」で徹底できているか？・作戦ノート例

基本方針

◆自分の立てた「作戦」がうまく行っているのかどうか？　週に1回金曜日にチェックし，ふり返る。（最初「30日」は，必ず。その後は可能な限り続ける）

◆うまく行っていない項目があれば，改善点を書き出して「作戦」を立て直す。

◆「作戦」チェックシート

（◎完璧　○できている　△できる時とできない時がある　×できていない）

項目	4／12（金）	4／19（金）	4／26（金）	5／10（金）
①朝自習を黙って座って行っているか？	○	○		
②元気な声で，挨拶・返事ができているか？	×	△		
③指先まで伸ばして手を挙げているか？	○	○		
④静かに並んで，教室移動をしているか？	△	△		
⑤給食の準備が10分以内にできているか？	×	△		
⑥感謝の心で残菜0（ゼロ）になっているか？	△	△		
⑦黙って真面目に掃除をしているか？	○	×		
⑧日直，係の仕事をちゃんとやっているか？	○	×		
⑨帰りの準備が2分以内にできているか？	○	△		
⑩下駄箱の上靴はかかとを揃えて入れているか？	○	○		

◆改善点

4／12（金）	・授業を少し早めに終わって，給食準備の取りかかりを良くする。 ・大きな声で挨拶している子を学級通信で紹介する。
4／19（金）	・掃除の場所を変えてみる。 ・掲示係に係の仕事の一覧をつくらせ，掲示する。
4／26（金）	・ ・
5／10（金）	・ ・

（伊藤・山根）

My 「30日」で徹底できているか？・作戦ノート

基本方針

　※チェックする曜日を決めます。

◆自分の立てた「作戦」がうまく行っているのかどうか？　週に1回（　　）曜日にチェックし，ふり返る。（最初「30日」は，必ず。その後は可能な限り続ける）

◆うまく行っていない項目があれば，改善点を書き出して「作戦」を立て直す。

◆「作戦」チェックシート

　（◎完璧　○できている　△できる時とできない時がある　×できていない）

　※自分の立てた「作戦」をもとにチェックの項目を10個決めます。

　※毎週決めた曜日に項目ごとに◎○△×でチェックします。

項目	／ （　）	／ （　）	／ （　）	／ （　）
①				
②				
③				
④				
⑤				
⑥				
⑦				
⑧				
⑨				
⑩				

◆改善点　　※改善点を2つに絞って箇条書きします。いきなりたくさんの変更は大変です。

／ （　）	・ ・
／ （　）	・ ・
／ （　）	・ ・
／ （　）	・ ・

「その他」の作戦を立てる前に

　この章では，「家庭訪問」「校外学習（遠足，社会見学，修学旅行）」「出張」「学級懇談，個人懇談」「保護者対応」「教師として成長し続けるための」の６つの作戦を紹介しています。

　しかし，教師の仕事は，これだけではありません。

　入学式，身体測定，参観日，プール，運動会，音楽祭，文化祭，持久走大会，卒業式など行事がある度に作戦が必要です。

　また，廊下を走る子が多くいたり，トイレのスリッパが乱れることが多かったりすれば，それに対する作戦が必要になります。

　本書では対象にしませんでしたが，もちろん授業づくりにも作戦は必要です。

　導入，発言，ノート，挙手などなど，作戦なしでは授業づくりもうまく行きません。

　クラブ活動や委員会活動といった自分の学級以外の子に対する時にも，もちろん作戦が必要です。

　作戦なしでは，クラブ活動や委員会活動すら成り立たない程，現場はひどい状況です。

　教師の仕事は，驚くほどたくさんあります。

　しかも，それらの仕事は全て，作戦抜きでうまく行くほど甘いものではありません。

　その他の作戦を参考に，とにかく作戦を立てて，全ての仕事に臨んでください。

「教師として成長し続けるための」作戦が大切です

　本書の最後に，「教師として成長し続けるための」作戦を載せました。

　この作戦は，若手教師に絶対に必要です。

　自分で学ぶ習慣をつけておかないと，教師としての力がつきません。

　そして，**自分の経験と勘と気分だけで乗り切れるほど，今の教室は甘くはありません。**

　学級をきちんとつくり，授業を成り立たせるためには，勉強し続け，自分の実践，そして自分自身を変える勇気がこれからの教師には必要です。

　また，自分の20年後，30年後を想像してみてください。

　20年間，30年間学び続けた教師と，全く学んでいない教師。どちらの教師のクラスになるのが子どもたちにとって幸せか？　答えは明確です。

　若手には，子どもたちの担任になっても，恥ずかしくない教師に成長してほしいと願っています。

第6章

その他の作戦
―全ての仕事に
作戦が必要です―

26 家庭訪問・作戦ノート例

基本方針

◆家庭訪問は，保護者の信頼を勝ち得る絶好の機会である。

◆家庭訪問の際に心がけるポイント。

  (1) 保護者に失礼のないように振る舞う

    ……社会人として失礼があると，保護者の信頼を失ってしまう。特に，時間に遅れない。

       保護者にも予定がある。時間に遅れると大変迷惑がかかる。

  (2) 学校での子どもの様子をお知らせする

    ……新学期の子どもの様子について具体的に伝えることで，「この先生は子どもを見てくれ

       ている」という安心感を与える。

  (3) 家庭での子どもの様子を聞く

    ……学校と違う子どもの様子を聞くことで，子どもを見る目が広がる。

【(1)　保護者に失礼のないように振る舞う】

① 時間厳守が第一。家庭連絡票に描いてもらった地図をよく見る。家の場所が分からない場合は，下見をして，迷わないようにする。

② 学級通信で時間厳守をお願いしておく。時間に遅れると他の方にご迷惑がかかるので。

③ 茶菓については「お気遣いないように」と，あらかじめ学級通信で伝えておく。それでも出されることがあれば，どの家庭でも同じ対応をとるようにする。（お茶を飲む家と飲まない家があれば，飲んだ家の子どもをひいきしているように思われる可能性がある）

④ 家庭訪問でお話をしている最中は資料を読んだりメモをとったりすることはしない。どうしてもメモが必要だという場合は，お断りを入れてからする。

【(2)　学校での子どもの様子をお知らせする】

① 子どもたち１人ひとりについて，学校での良いところや課題点などを具体的に書き出しておく。今から家庭訪問に伺う家の子のメモを見てから，車を降り，家に伺う。

② 子どもの良い点と課題点の比は４：１くらいにする。

② 学級経営方針や個人的な考えを聞かれた場合は答える。しかし，一個人で判断し，答えにくい質問については，「聞かせてもらっておきますね。学校に戻って確認をして，明日までに連絡させてもらいます」と答える。そして，確実に次の日までに連絡する。

【(3)　家庭での子どもの様子を聞く】

① 最初に「○○くんのことで私が知っておいたら良いようなこと，お母さんが心配されていることがありましたら教えてください」と言う。話のきっかけにもなる。

② 家庭において，子どもがどの部屋でどのように宿題等の学習をしているのか，お聞きし，今後の家庭学習の指導の参考にする。

③ 家の付近，通学路の様子について保護者の目線で気になることについて聞き，地域の様子について知ろうとする。

（中條・藤原）

My 家庭訪問・作戦ノート

年　　月　　日〔　〕作成

★学校で共通理解している「家庭訪問時の注意事項」を書いておきます。

基本方針

◆家庭訪問は，保護者の信頼を勝ち得る絶好の機会である。

◆家庭訪問の際に心がけるポイント。

※家庭訪問を行う時，どのようなことを心がけるのか，ポイントを３つに絞って書きます。また，その理由も書きます。

(1)
　……

(2)
　……

(3)
　……

【(1)　　　　　　　　　　　　　　　　　　　　　　　　　　　　　　】

※１つ目のポイントをどうやって実行するのか，具体的な手だてを箇条書きします。

①
②
③
④

【(2)　　　　　　　　　　　　　　　　　　　　　　　　　　　　　　】

※２つ目のポイントをどうやって実行するのか，具体的な手だてを箇条書きします。

①
②
③
④

【(3)　　　　　　　　　　　　　　　　　　　　　　　　　　　　　　】

※３つ目のポイントをどうやって実行するのか，具体的な手だてを箇条書きします。

①
②
③
④

27 校外学習（遠足，社会見学，修学旅行）・作戦ノート例

基本方針

◆校外学習は，遊びではない。子どもたちを鍛え育てるものである。

　そのことを子どもたちに伝える。

> 校外学習の目的の1つは，最高の思い出をつくることです。また，理科や社会科の学習も目的の1つです。しかし，それにプラスして，集団行動を学ぶのが何よりの目的です。集団行動を学び，成長して帰って来なければ，行く意味がありません。

◆校外学習で育てるポイントを3つに絞って，子どもたちに伝える。

　その理由も明示する。

⑴　5分前集合……時間を守るのは，集団行動の基本である。集合時刻に遅れると，その分，日程がずれる。そして，楽しみにしている見学場所の時間が減る。時間を守らないと，みんなの楽しみを奪うことになる。

⑵　班行動……班でまとまって行動する。協力を学ぶためである。また，自分勝手な行動をとり，班を離れると他のメンバーはその人を探すことに時間を取られる。自分勝手な行動はみんなの時間を奪い，楽しみを奪う。

⑶　公の場での過ごし方……子どもが大人数で移動したり，集まったりするのは，それだけで迷惑である。道いっぱいに広がって歩かない，集まった時はできるだけギュッと集まる。

　※⑶の目標は，レベルが高い。子どもたちが育っていなければ，「挨拶（を必ずする）」にかえる。

◆3つの目的を達成するために。

①　くり返し3つの目的を確認する。

　「3つの目的は？」と聞き，子どもたちに声を揃えて言わせる。

　また，全員起立させ，隣の人に向かって3つの目的を言わせる。言えた人は座る。

②　集合場所に着く度に，目的が達成できたか確認する。

③　達成できていれば，ほめる。達成できていなければ，叱る。

④　くり返し守れない子は，厳しく叱る。みんなの前で叱ることも躊躇しない。

◆その他

①　保護者のお陰で校外学習に行けることを子どもたちに伝える。交通費などのお金は保護者が出してくださっているので，無駄にしない。感謝の気持ちをもつ。

②　社会見学から帰ったら，必ず「ふり返り」を行う。やりっ放しにしない。「ふり返り」で活動を言葉に変え，学習化する。

（藤原・中村）

My 校外学習（遠足，社会見学，修学旅行）・作戦ノート

年　　月　　日〔　〕作成

基本方針

◆校外学習は，遊びではない。子どもたちを鍛え育てるものである。

　そのことを子どもたちに伝える。

　※子どもたちに何と言うか？　具体的な台詞を書きます。

```

```

◆校外学習で育てるポイントを３つに絞って，子どもたちに伝える。

　その理由も明示する。

　※３つに絞って，子どもたちに伝えるポイントを書きます。また，なぜそのポイントなのか，子ども
　　たちが納得する理由を考えて，……に続けて書きます。

(1)

　……

(2)

　……

(3)

　……

◆３つの目的を達成するために。　※３つの目標を達成するための具体的な手だてを箇条書きします。

①

②

③

④

⑤

◆その他　※その他，必要なことをメモします。

①

②

③

④

⑤

28 出張・作戦ノート例

基本方針

◆担任がいない時こそ，学級の真価が問われる。担任がいなくても子どもたちが良い力を発揮して1日を過ごすことができる学級にする。

◆担任がいなくても，子どもたちが良い力を発揮して取り組めるように。

(1) 出張2日前までに，出張する日の1日の流れを書き出す

(2) 出張前日に，1日の流れを黒板に書き，子どもたちに説明する

(3) 出張当日に，担任がいない時間の過ごし方をふり返り，1日の感想を書かせる

【(1)　出張2日前までに，出張する日の1日の流れを書き出す】

① 出張の日の授業や行事を調べ，自分がいない時間の教科を確認する。もし，専科の先生の授業や学年全体で取り組める授業があればお願いをする。

② どうしても自習になってしまう時間は，その時間に何をさせるかを考える。クラスの他の子や，他の学級に迷惑がかかることのないような内容にする。また，自分1人で取り組むことができる座学にする。

③ ①・②の内容を含んだ補欠指導案を完成させて，コピーする。教頭，補欠で入っていただく先生，学年の先生に渡す。

【(2)　出張前日に，1日の流れを黒板に書き，子どもたちに説明する】

① 補欠指導案を見て1日の流れを説明しながら，黒板に書く。子どもにどんなことを大切にしてほしいかも黒板に書き，明示しておく。(例「自分のためにがんばろう。それが，みんなのためにがんばることにつながります！」)

② 質問を受け付け，子どもたちの疑問を解決しておく。担任がいない時に他の先生に迷惑がかからないように。

【(3)　出張当日に，担任がいない時間の過ごし方をふり返り，1日の感想を書かせる】

① 「ふり返り」が大事である。担任がいなかった時間の自分の過ごし方や学級の様子について，日記を書かせる。

② 担任は，補欠で入っていただいた先生方にお礼を述べると共に，子どもたちの様子を確認する。

③ 次に子どもに会った時に，①・②で発見された子どもたちの良かったところをほめる。また，指導が必要なことがあった場合は，確実に指導をする。そして，次回くり返さないことが大切であると伝える。

(氏家)

My 出張・作戦ノート

年　　月　　日〔　〕作成

◆担任がいない時こそ，学級の真価が問われる。担任がいなくても子どもたちが良い力を発揮して1日を過ごすことができる学級にする。

★自分がいない時の子どもたちの望ましい姿をイメージして書きます。

_____

_____

◆担任がいなくても，子どもたちが良い力を発揮して取り組めるように。

　※出張2日前まで，前日，当日に何をするのか書きます。

　(1)　出張2日前までに，

　(2)　出張前日に，

　(3)　出張当日に，

【(1)　出張2日前までに，　　　　　　　　　　　　　　　】

　※望ましい姿になるように，出張2日前までにどんな手だてを打つか，具体的に書きます。

① _____

② _____

③ _____

④ _____

⑤ _____

【(2)　出張前日に，　　　　　　　　　　　　　　　　　　】

　※望ましい姿になるように，出張前日にどんな手だてを打つか，具体的に書きます。

① _____

② _____

③ _____

④ _____

⑤ _____

【(3)　出張当日に，　　　　　　　　　　　　　　　　　　】

　※望ましい姿になるように，出張当日にどんな手だてを打つか，具体的に書きます。

① _____

② _____

③ _____

④ _____

⑤ _____

29 学級懇談，個人懇談・作戦ノート例

吹き出し: 担任の △△ ○○です
吹き出し: こんにちは

基本方針

◆保護者の信頼を勝ち得るために学級懇談・個人懇談は絶好の機会である。

◆保護者懇談のポイント。

(1) 保護者に信頼してもらう

(2) クラス・子どもの状況を伝える

(3) 保護者に協力を求める

【(1) 保護者に信頼してもらう】

① いつも笑顔をたやさない。（話しやすい雰囲気をつくるよう，意識的に取り組む）

② 挨拶はハキハキと。（明るい声を意識すると，印象がよくなり，会話のきっかけができやすくなる）

③ 保護者と児童の名前を一致させ，必ず氏名でお呼びする。（学級懇談の最初に自己紹介してもらう。その時，保護者が座っている席と氏名をメモする）

④ 懇談の内容をあらかじめ決めておく。（スムーズな運営を心がける。段取りが悪いと，保護者の信頼を失う）

⑤ 笑顔あふれる懇談にする。（子どもの映像を見せたり，学校でのエピソードを話したりする。また家庭での子どもの様子をお伺いすると，みんなで盛り上がることができる）

⑥ 覚悟と情熱を伝える。（子どもに対する熱い思いを語る。この時は真面目な顔で）

⑦ 早めに終わる。（保護者は忙しい。早めに終わる方が喜ばれる）

【(2) クラス・子どもの状況を伝える】

① ICTを活用する。（クラスでの日々の様子を写真や映像で見せるのが最も説得力があり，効果的である）個人懇談の待ち時間にはデジタルフォトフレームで写真を流す。

② ほめることを中心に話す。そのためにも，日頃から子どものよい点，成長した点をいつもメモしておく。

③ 子どもの作品を見せる。（個人懇談で，図工の作品や作文「お父さん，お母さんへ」，「将来の夢」，「今学期の目標とふりかえり」などを紹介する）

④ 成績はレーザーチャートで見せる。（「日本標準　金ロム」などを活用する）

【(3) 保護者に協力を求める】

① 基本方針を示す。（早寝早起き朝ごはん，家庭学習の時間など，家庭で絶対に守ってほしいことを伝える）

② データを示す。（例えば，学力を向上させたいのであれば，睡眠時間と学力の関係のデータを示し，睡眠時間の大切さを説く）

（山根）

My 学級懇談，個人懇談・作戦ノート

年　　月　　日〔　〕作成

基本方針

◆保護者の信頼を勝ち得るために学級懇談・個人懇談は絶好の機会である。

◆保護者懇談のポイント。　　※保護者懇談会ですることを３つに絞って書きます。

(1) _____

(2) _____

(3) _____

【(1)　　　　　　　　　　　　　　　　　　　　　　　　　　　　】

※このポイントを実現するために気をつけること，することなどを書きます。

① _____

② _____

③ _____

④ _____

⑤ _____

⑥ _____

⑦ _____

【(2)　　　　　　　　　　　　　　　　　　　　　　　　　　　　】

※このポイントを実現するために気をつけること，することなどを書きます。

① _____

② _____

③ _____

④ _____

⑤ _____

⑥ _____

⑦ _____

【(3)　　　　　　　　　　　　　　　　　　　　　　　　　　　　】

※このポイントを実現するために気をつけること，することなどを書きます。

① _____

② _____

③ _____

④ _____

⑤ _____

⑥ _____

⑦ _____

㉚ 保護者対応・作戦ノート例

基本方針

◆保護者の信頼を勝ち得なければ，学級
は成り立たない。

◆保護者対応のポイント。

 (1) 保護者によって対応を変える

 (2) 初期対応が全てである

 (3) 「いい先生だ」と自分を宣伝する

【(1) 保護者によって対応を変える】

① どの保護者が味方についてくだされ
ば大丈夫かを考える。（保護者対応に
も「作戦」が必要である）

② 味方についてほしい保護者への対応には，細心の注意を払い，信頼を勝ち得る。

③ 保護者によって，求めている対応が違う。

 ・子どものことが気になって仕方のない保護者→こまめに丁寧な連絡をする。

 ・放任主義の保護者→こまかいことは連絡しない。

【(2) 初期対応が全てである】

① スピード感のある対応をする。初期対応を面倒くさがると，後でもっと面倒くさいことにな
る。絶対に面倒くさがらない。

② 連絡帳に書かない。電話にする。（相手の雰囲気を感じながら対応できる。証拠を残さない）

③ やや大きなケガやお金が絡む時は，必ず家庭訪問する。

④ 苦情の電話があった時は，

「話をしっかり聞く」→「対応を説明，相談，確認」→「実際に対応する」→「報告の電話をす
る」

の流れで行う。特に「報告の電話」を絶対に忘れない。

⑤ 苦情の電話は，チャンスと捉える。上手く対応すれば，保護者の信頼が得られる。

【(3) 「いい先生だ」と自分を宣伝する】

① 学級通信を毎日発行する。（さぼっているように見えない。熱心な先生だと思われる。子ど
もの良いところを記事にする。そうすると，保護者は子どもの良さを認めてくれる先生だとい
う印象を持つ）

② 子どもの良さを本人に伝えるハガキを書く。（教師が子ども1人ひとりをしっかり見ている
という強烈なインパクトを与える）

（山根）

My 保護者対応・作戦ノート

年　　月　　日〔　〕作成

基本方針

◆保護者の信頼を勝ち得なければ，学級は成り立たない。

◆保護者対応のポイント。

(1)　保護者によって対応を変える

(2)　初期対応が全てである

(3)　「いい先生だ」と自分を宣伝する

【(1)　保護者によって対応を変える】

※保護者のタイプを分類し，それぞれの保護者に合った対応を考えます。

① _____

② _____

③ _____

④ _____

⑤ _____

⑥ _____

【(2)　初期対応が全てである】

※学級での事件，事故，苦情の電話などへの対応で気をつけることを書きます。

①　スピード感のある対応をする。初期対応を面倒くさがると，後でもっと面倒くさいことになる。絶対に面倒くさがらない。

② _____

③ _____

④ _____

⑤ _____

⑥ _____

【(3)　「いい先生だ」と自分を宣伝する】

※「いい先生だ」と自分を宣伝するためにできることを箇条書きします。

① _____

② _____

③ _____

④ _____

⑤ _____

⑥ _____

31 教師として成長し続けるための
・作戦ノート例

基本方針

◆学び続ける教師だけが子どもの前に立つ資格がある。

◆自分の「経験」,「勘」,「気分」だけを頼りにして教育をしない。

　そのためには……

　(1)　いろんな仕事を引き受ける。特に苦手な分野から逃げない

　(2)　教育サークルに所属し,いろいろなセミナーに参加する

　(3)　教育書,教育雑誌をたくさん読む

【(1)　いろんな仕事を引き受ける。特に苦手な分野から逃げない】

① 研究授業を積極的に引き受け,年1回は必ず行う。

② 苦手なことにこそチャレンジする。(やったことのない仕事をどんどん引き受ける。苦手分野を減らし,得意分野を増やす大きなチャンスである)

③ 教育雑誌や教育書に執筆するチャンスがあれば,絶対に引き受ける。自分の実践をふり返りまとめることで,教師力は大きく向上する。

④ 地域の行事などに積極的に参加する。(保護者,地域の方と関わることで,子どもたちを見る目が広がる。また,自分の世界が広がる)

【(2)　教育サークルに所属し,いろいろなセミナーに参加する】

① 教育サークル「徹底反復研究会・福山支部」に入る。月1回の例会には,必ず出席する。

② 例会には,必ず自分の実践を1本,レポートにまとめて持って行く。

③ 年3回は,自腹を切って,セミナーに参加する。必ず一番前の席に座り,講師の持っている技を間近で見る。

④ Q&Aの時間があれば,必ず質問し,自分の意見を言う。

⑤ 懇親会には必ず参加して,講師に質問する。

【(3)　教育書,教育雑誌をたくさん読む】

① 憧れの実践家の著書は全部読む。(特に野中信行氏の著書は全て買って読み,教師としての基本的な力を身に付ける)その実践家の新刊が出たら,必ずすぐに買って読む。

② 教育雑誌を総合誌1冊(『授業づくりネットワーク』学事出版),教科の専門誌1冊(『国語教育』明治図書)を定期購読する。

【その他】

① 友人(同級生や,趣味のサークル)との交流を大切にする。

② 教師以外の人との交流を大事にする。思わぬ好情報をもたらしてくれることが多い。

(山根)

My 教師として成長し続けるための・作戦ノート

年　　月　　日〔　〕作成

基本方針

◆学び続ける教師だけが子どもの前に立つ資格がある。

★教師として学び続ける決意を書きます。

◆教師として学び続けるために。　　※成長し続けるにはどうしたらよいか考え，３つ書きます。

(1)

(2)

(3)

【(1)　　　　　　　　　　　　　　　　　　　　　　　　　　　　　】

※(1)を実行するための具体的な手だてを箇条書きします。

①

②

③

④

⑤

【(2)　　　　　　　　　　　　　　　　　　　　　　　　　　　　　】

※(2)を実行するための具体的な手だてを箇条書きします。

①

②

③

④

⑤

【(3)　　　　　　　　　　　　　　　　　　　　　　　　　　　　　】

※(3)を実行するための具体的な手だてを箇条書きします。

①

②

③

④

⑤

◇指導は「点」ではありません。「線（流れ）」で考えることが大切です。「3」で何をするのか？ 「7」で何をするのか？ 「30」で何をするのか？ 「線（流れ）」を書きます。

叱るパフォーマンス＆クラスの柱となる
ルールをつくる３日間カレンダー

1日目	2日目	3日目
4月　日〔　〕	4月　日〔　〕	4月　日〔　〕

１日の流れをつくる７日間カレンダー

1日目	2日目	3日目	4日目	5日目	6日目	7日目
4月　日〔　〕	4月　日〔　〕	4月　日〔　〕	4月　日〔　〕	4月　日〔　〕	4月　日〔　〕	4月　日〔　〕

クラスを軌道に乗せる 30 日間カレンダー

1 日目	2 日目	3 日目	4 日目	5 日目	6 日目	7 日目
4／〔　〕	／〔　〕	／〔　〕	／〔　〕	／〔　〕	／〔　〕	／〔　〕

8 日目	9 日目	10 日目	11 日目	12 日目	13 日目	14 日目
／〔　〕	／〔　〕	／〔　〕	／〔　〕	／〔　〕	／〔　〕	／〔　〕

15 日目	16 日目	17 日目	18 日目	19 日目	20 日目	21 日目
／〔　〕	／〔　〕	／〔　〕	／〔　〕	／〔　〕	／〔　〕	／〔　〕

22 日目	23 日目	24 日目	25 日目	26 日目	27 日目	28 日目
／〔　〕	／〔　〕	／〔　〕	／〔　〕	／〔　〕	／〔　〕	／〔　〕

29 日目	30 日目	日目	日目	日目	日目	日目
／〔　〕	／〔　〕	／〔　〕	／〔　〕	／〔　〕	／〔　〕	／〔　〕

学級づくりの「作戦」を立てるのに役立つ本

一番のオススメは，野中信行氏の著作です。
野中氏の本は，若手が学級づくりの基本を学ぶのに最適だからです。
ぜひ，野中氏の本を参考にして，「作戦」を立ててください。

野中信行著『著困難な現場を生き抜く！
　　　　　　やんちゃな子がいるクラスのまとめかた』（学陽書房）

野中信行著『マンガでわかる！　はじめての担任　お仕事 BOOK』（学陽書房）

野中信行著『新卒時代を乗り切る！　教師１年目の教科書』（学陽書房）

野中信行著『新卒教師時代を生き抜く初任者１ヶ月の成功シナリオ』（明治図書）

横藤雅人・武藤久慶著『その指導，学級崩壊の原因です！
　　　　　　　　　「かくれたカリキュラム」発見・改善ガイド』（明治図書）

多賀一郎著『改訂版　全員を聞く子どもにする教室の作り方』（黎明書房）

多賀一郎著『一人ひとりが聞く子どもに育つ教室の作り方』（黎明書房）

古川光弘著『学級ワンダーランド計画―「古川流」戦略的学級経営』（黎明書房）

俵原正仁著『「崩壊フラグ」を見抜け！』（学陽書房）

山田洋一著『子どもの笑顔を取り戻す！「むずかしい学級」ビルドアップガイド』（明治図書）

友田真著『子どもを伸ばす教師の見方
　　　　　　子どものどこをどう見て，どう褒め，叱る？』（明治図書）

小野領一著『学級崩壊崖っぷちでも乗り切れる！
　　　　　　頑張らないクラスづくりのコツ』（明治図書）

土作彰著『どの子も笑顔になれる学級づくり＆授業づくりのネタ 35』（黎明書房）

中村健一著『新装版　クラスを「つなげる」ミニゲーム集 BEST55＋α』（黎明書房）

中村健一編著『新装版　ホメる！　教師の１日』（中村健一）

中村健一著『教室に笑顔があふれる中村健一の安心感のある学級づくり』（黎明書房）

中村健一著『策略―ブラック学級づくり　子どもの心を奪う！　クラス担任術』（明治図書）

●編著者紹介

中村健一

　1970 年山口県生まれ。現在，山口県岩国市立川下小学校勤務。お笑い教師同盟などに所属。日本一のお笑い教師として全国的に活躍。

　主な著書に，『子どもも先生も思いっきり笑える 73 のネタ大放出！』『教室に笑顔があふれる中村健一の安心感のある学級づくり』『新装版 つまらない普通の授業に子どもを無理矢理乗せてしまう方法』『新装版 クラスを「つなげる」ミニゲーム集 55＋α』『つまらない普通の授業をおもしろくする！　小ワザ＆ミニゲーム集 BEST57＋α』『ゲームはやっぱり定番が面白い！　ジャンケンもう一工夫 BEST55＋α』（以上，黎明書房），『中村健一　エピソードで語る教師力の極意』『策略　ブラック学級づくり―子どもの心を奪う！　クラス担任術―』（以上，明治図書）がある。その他，著書多数。

●執筆者一覧（所属は執筆時のもの）

五十嵐健一	千葉・千葉市立大森小学校	中村健一	山口・岩国市立平田小学校
伊藤邦人	京都・立命館小学校	藤原裕一	島根・益田市立戸田小学校
氏家拓也	愛知・武豊町立富貴中学校	山根大文	広島・小学校教諭
友田　真	広島・東広島市板城小学校	吉川裕子	京都・立命館小学校
中條佳記	奈良・王寺町立王寺南小学校		

＊イラスト：山口まく

新装版　担任必携！　学級づくり作戦ノート

2021 年 12 月 1 日　初版発行

編著者	中村健一
発行者	武馬久仁裕
印　刷	株式会社 太洋社
製　本	株式会社 太洋社

発　行　所　株式会社　黎明書房

〒460-0002　名古屋市中区丸の内 3-6-27　EBS ビル
☎ 052-962-3045　FAX 052-951-9065　振替・00880-1-59001
〒101-0047　東京連絡所・千代田区内神田 1-4-9　松苗ビル 4F
☎ 03-3268-3470

中村健一監修　小野領一・友田真編著

With コロナ時代の クラスを「つなげる」ネタ 73

A5／94 頁　1700 円

「マスク着用」「子ども同士の距離をあける」「あまりしゃべらない」を原則にした，コロナ禍でも子どもたちを楽しく安全につなげる学級遊び・授業のネタ満載。

中村健一編著

新装版　厳選 102 アイテム！ クラスを「つなげる」ネタ大辞典

A5／122 頁　2000 円

同じクラスになっただけでは，子どもたちは教師を「担任」と，他の子を「仲間」だと認めません。本書は，そんなクラスを「つなげる」ためのネタが満載です。同名書籍の新装版。

中村健一編著

新装版　ホメる！　教師の 1 日

A5／101 頁　1700 円

教師の一番の仕事は，ほめること。朝の会から帰りの会・放課後まで，事あるごとにほめまくり，子どもたちを，クラスを，授業を素晴らしくする 78 のネタ。同名書籍を新装・大判化。

中村健一著

新装版　クラスを「つなげる」 ミニゲーム集 BEST55＋α

B5／62 頁　1700 円

クラスをたちまち 1 つにし，先生の指示に従うこと，ルールを守ることを子どもたちに学ばせる，子どもたちに大好評のゲーム 55 種を厳選。2 色刷。同名書籍の新装版。

中村健一編著

新装版 子どもが大喜びで先生もうれしい！ 学校のはじめとおわりのネタ 108

A5／127 頁　1800 円

日本一のお笑い教師・中村健一先生の，1 年間，1 日，授業，6 年間の学校におけるはじめとおわりを充実させるとっておきの 108 のネタ。子どもたちを飽きさせない工夫がいっぱい！

中村健一著

新装版　つまらない普通の授業に 子どもを無理矢理乗せてしまう方法

A5／171 頁　2200 円

授業は号令でスタート，子どもを追いこむ方法等，準備をしなくても年間 1000 時間の授業に子どもたちを飽きさせず，軽々と乗せてしまう教育技術の全てを紹介。同名書籍の新装版。

中村健一・武馬久仁裕著

子どもも先生も感動！ 健一＆久仁裕の目からうろこの俳句の授業

四六／163 頁　1700 円

日本一のお笑い教師・中村健一と気鋭の俳人・武馬久仁裕がコラボ！　目の覚めるような俳句の読み方・教え方がこの 1 冊に。俳句のネタや，子どもの俳句の読み方などをわかりやすく紹介。

中村健一編著

新装版　めっちゃ楽しく学べる 算数のネタ 73

A5／96 頁　1600 円

子どもたちがなかなか授業に乗ってこない時，授業が 5 分早く終わった時などに使える，子どもが喜ぶ楽しい算数のネタを，紹介。同名書籍を新装・大判化。

多賀一郎・中村健一著

新装版 教室で家庭でめっちゃ楽しく学べる 国語のネタ 63

A5／96 頁　1600 円

短い時間でできる国語のクイズ，パズル，ゲーム，お話など，国語の驚きの面白ネタが満載です。誰でも国語が大好きに！　同名書籍を新装・大判化。

※表示価格は本体価格です。別途消費税がかかります。

■ホームページでは，新刊案内など，小社刊行物の詳細な情報を提供しております。「総合目録」もダウンロードできます。
http://www.reimei-shobo.com/